ÜBER DIE AKROPOLIS

„Steine halt …"

CHRISTIAN KOCH & AXEL KROHN

SOGAR MEIN KAMEL FAND'S LANGWEILIG!

Mit den verrücktesten
Reisebewertungen um die Welt!

DUMONT

INHALT

Einleitung   10

I. SUMMER IN THE CITY

Die David-Statue   14
Der Trump Tower   16
Die Mona Lisa   18
Das Brandenburger Tor   20
Die Wall Street   22
Der Freistaat Christiania   24
Legoland und Legohotel   26
Die Hamburger Elbphilharmonie   28
Mogadischu   30
Die Spanische Treppe   36
Der Wiener Prater   38
Der Grande Arche   40
Big Ben   42
Der Petersdom   44
Die Akropolis   46
Spaniens Kathedralen   48
Das Kolosseum   52
Das Rijksmuseum   54
Mozarts Geburtshaus   56
Die Eremitage   58
Der Schiefe Turm von Pisa   60
Die Karlsbrücke   62
Die Tower Bridge   64
Die EZB Zentrale   66

II. ON THE ROAD AGAIN

Die drei schlechtesten Flughäfen der Welt 70

Die schmutzigsten Hotels der USA 76

Die Christusstatue von Schwiebus 84

Von Autohöfen und Raststätten 86

Tschernobyl-Tour 88

Ein Streifzug durch die Zentralafrikanische Republik 92

Euro Disneyland 98

Das Hans Brinker Budget Hotel 100

Auf dem Oktoberfest 104

Das beste und das schlechteste Hotel in Pjöngjang 106

Auf Pilgerreise 114

Die besten Restaurants der Welt 116

Brücke von Avignon 120

III. DAS IST DIE PERFEKTE WELLE

Der Bierkönig 124

Die kleine Meerjungfrau 128

Die 7 schönsten Strände der Welt 130

Niagara vs. Rheinfall 138

Tropical Island 142

Das Manneken Pis 144

Die Malediven 146

Das Tote Meer 150

Sylt 152

Auf Kreuzfahrt 154

IV. WHAT A WONDERFUL WORLD

Die Maya-Pyramiden in Yucatan | 160
Loch Ness | 162
Im Wald der heiligen Affen | 164
Das Busludscha Monument | 168
Der Große Geysir | 170
Schloss Neuschwanstein | 172
Santa Claus Post Office | 174
Unterwegs in der Serengeti | 176
Das „Dracula"-Schloss | 184
Die Livraria Lello | 186
Die Pyramiden von Gizeh | 188
Der Vesuv | 190
Der Zeus-Tempel | 192
Der Taj-Mahal | 194
Das Orakel von Delphi | 196
Auf Spitzbergen | 198
Die Große Mauer | 202
Das Schloss Versailles | 204
Wilsonfontein | 206
Das Dschingis-Khan-Denkmal | 208
Das Auenland | 210

V. IRGENDWIE, IRGENDWO, IRGENDWANN

BER | 214
Der Pazifik | 218
Der Mount Everest | 220

Über die Autoren | 222
Bildhinweise | 224
Impressum | 228

Dieses Buch war eigentlich schon geschrieben, bevor wir es zu Papier brachten. Denn die Millionen von Einträgen bei Tripadvisor, Google Maps, Holidaycheck & Co. existierten bereits, als wir uns entschieden, ein Buch darüber zu machen. Zigtausende von Reisenden teilen auf den Portalen ihre Reiseerfahrungen mit der Welt und berichten dort von kuriosen Urlaubspannen und miesem Essen, von unbekannten Krabbeltieren in der Dusche und von magischen Momenten. Und präsentieren dabei einen persönlichen und einzigartigen Blick auf die Destinationen dieser Welt, wie er in keinem Katalog zu finden ist.

Unser Ziel war es, die besten, lustigsten und kreativsten Bewertungen zusammenzustellen und damit einen Reiseführer zu gestalten, der eine ganz neue Perspektive auf die Destinationen dieser Welt offenbart. Ein bisschen kamen wir uns dabei vor wie der Bildhauer Michelangelo, als dieser vor einem drei Meter hohen Marmorklotz stand: Seine Davidstatue war schon da, er musste sie nur noch aus dem Stein herausschlagen. Nicht mit Hammer und Meißel, sondern mit Maus und Tastatur pflügten wir uns durch das sich täglich erweiternde Meinungs-Universum der Online-Portale. Wir haben gelacht, gestaunt und (mit-)gelitten und müssen gestehen: So manches Traumziel verwandelt sich in den Bewertungen zum größten Drecksloch, wohingegen sich zweifelhafte Orte als wahrhaft romantische Abenteuerziele entpuppen. Die Einschätzungen sind komplett subjektiv und genau das macht ihren besonderen Reiz aus. Denn immer dann, wenn wir unsere Komfortzone verlassen, wenn der Zufall das Kommando übernimmt und sich die Realität vor Ort nicht so wie im Reisekatalog angepriesen darstellen will, entstehen die besten Urlaubsgeschichten.

Wir haben gelernt: Neben den kritischen Meinungen - und da gibt es einige - sind es vor allem die überraschenden Perspektiven und persönlichen Einschätzungen, welche die Bewertungen so wertvoll machen. Unser Rat: Was immer man Ihnen auch Schlimmes über Ihr nächstes Urlaubsziel erzählen mag - lesen Sie einfach mal ein paar hundert 5-Sterne-Bewertungen und Sie werden frohgemut auf Reisen gehen! Und falls man Ihnen einmal verdächtig viel von einem Ort vorschwärmen sollte, dann riskieren Sie ruhig mal einen Blick auf die schlechten Bewertungen.

Viel Spaß beim Entdecken wünschen
Christian Koch und Axel Krohn

PS: Einige Bewertungen sind im Original in anderen Sprachen verfasst. Hier haben wir uns um sinngemäße Übersetzungen bemüht. Bei vielen Zitaten handelt es sich um Auszüge und nicht den gesamten Beitrag. Wir haben die Passagen mit Sorgfalt ausgewählt und zusammengestellt, alle Beiträge sind in den jeweils genannten Portalen öffentlich zugänglich.

SUMMER IN THE CITY

Große Kunst und kleine Meerjungfrau. Was man in Städten alles sehen oder übersehen kann.

„Schönes Ding!
Bisschen klein
vielleicht …"
★★★★☆ Gesine Lanz • Google

Die David-Statue

Als Michelangelo im Jahr 1501 vor einem fünf Meter hohen und grob behauenen Marmorquader stand, konnte er unmöglich ahnen, das er die einmal bekannteste Skulptur der Kunstgeschichte aus dem Klotz schlagen würde. Der italienische Bildhauer schaffte ein Abbild des biblischen David, der seine Steinschleuder noch lässig über die Schulter baumeln lässt, kurz bevor er Goliat einen Stein zwischen die Augen pfeffert.

„Ich hatte mehr von diesem Künstler erwartet und war etwas enttäuscht."
⭐⭐☆☆☆ Giu Gram • Google

„Die Statue sieht nicht wie ein Mensch aus, sie sieht aus wie Marmor."
⭐☆☆☆☆ oliver maes • Google

„Ganz abgesehen von den riesigen Warteschlangen vor der Accademia – was zum Teufel ist an diesem nackten Mann so toll?"
⭐☆☆☆☆ Aulonocara • Tripadvisor

„Gefühlt 1000 Besucher drängen sich um die Skulptur, vernünftige Bilder bekommt man so kaum. Dafür aber ein U-Bahngedränge. Mehrsprachig dazu."
⭐☆☆☆☆ wuenschmirwas • Tripadvisor

„Eine der repräsentativsten Skulpturen männlicher Schönheit."
⭐⭐⭐⭐⭐ Jörg Schulze • Google

„Erstaunlich, wirklich verblüffend: Sie kennen die Größe erst, wenn Sie tatsächlich davorstehen."
⭐⭐⭐⭐⭐ David Snavely • Google

„Treffpunkt kichernder Touristen mit Selfie-Sticks."
⭐☆☆☆☆ Thomas H • Tripadvisor

„Es ist nahezu unmöglich, sich ein noch kitschigeres Gebäude vorzustellen."

★☆☆☆☆ Plumeria Tatoo • Tripadvisor

Der Trump Tower

Donald Trump behauptet ja gerne mal, dass alles, was er anfasst, zu Gold wird. Wenn das wirklich stimmt, muss er in seinem 58 Stockwerke hohen „Trump Tower" so ziemlich alles angegrabbelt haben. Die Innenarchitektur ist eine Komposition aus goldglänzendem Klimbim, die den Führer der Nation in glänzendem Licht erscheinen lassen soll. Unter vielen Touristen ist der Tower aber wegen einer anderen Sache sehr beliebt – was Trump nicht wirklich gefallen dürfte.

„Sehr edle kostenlose Toiletten!"
★★★★★ 496kerstinb • Tripadvisor

„Es ist ein Muss, die Toiletten zu benutzen!"
★★★★☆ Jane Hamilton • Google

„Im Toilettenbereich eindeutig eine von New Yorks besten Adressen!"
★★★★☆ Pra Fisher G. • Google

„Öffentliche Toilette!"
★★★★☆ GeneralCL • Tripadvisor

„Die Toiletten waren sehr sauber und gepflegt."
★★★★☆ OWL-Familie • Tripadvisor

„So schön! Öffentliche Toiletten!"
★★★★★ ptison60 • Tripadvisor

„Makellose kostenlose Toiletten an der 5th Avenue!"
★★★★★ ARP_ARJP • Tripadvisor

„Sehr saubere Toiletten!"
★★★★★ Meeresperle • Tripadvisor

„Die Toiletten hatten parfümierte Luft!"
★★★★☆ Susie Flude • Google

„Great shithole!"
★★★★☆ Christopher Lang • Google

„Habe schon deutlich attraktivere Frauen hinter Glasscheiben gesehen :-)"

Davy Peters • Skyscanner

Die Mona Lisa

Mehr als acht Millionen Besucher strömen jährlich durch die Hallen des Pariser Louvre. Die meisten von ihnen werfen einen Blick auf das rätselhafte Lächeln der Mona Lisa – oder versuchen es zumindest. Das berühmteste Bild der Welt hängt hinter Panzerglas, gilt als unverkäuflich und wird das größte Museum der Welt vermutlich nie wieder verlassen.

„Die eigentliche ‚Kunst' ist die ununterbrochene Performance der Besuchermassen aus aller Herren Länder, welche sich vor den ‚Meilensteinen' der Kunstgeschichte in einem Smartphone-Dauerklicken auf Selfies abspielt. Die Lust, sich vor ewigen Werten selbst zu verewigen."

★★★★☆ isartrails • Tripadvisor

„Dieses Lächeln hat etwas Verhaltenes, Inniges, aber sicher nichts Verführerisches. Es sind Lippen, die sich festgelächelt haben und nur auf der Leinwand existieren können!"

★★★★★ Doreen Trotnow • Google

„Wenn man viele Menschen treffen will, die das erste Mal in ihrem Leben in einem Museum sind, braucht man nur in den Louvre gehen."

★★★★☆ manna04 • Tripadvisor

„Muss man die Mona Lisa tatsächlich in natura gesehen haben? Was bringt das? Es stillt keinen Durst, keinen Hunger oder sonst was."

karlsiegfried • Spiegel Forum

„Ein Bild von einer Frau!"

★★★★★ Silje Kjaer • Google

„Schön ... ABER zu viele Demos."

★★★★☆ jjorbi • Tripadvisor

Das Brandenburger Tor

Die Berliner Schnauze hat für Deutschlands bekanntestes Bauwerk noch keinen Spitznamen gefunden, obwohl doch sonst kaum etwas vor dem losen Hauptstadtmundwerk sicher ist. Lediglich die vierspännige Quadriga auf dem Tor hat sich den Namen „Retourkutsche" eingefangen. Ansonsten bleibt das Tor – ganz nüchtern betrachtet – ein frühklassizistisches Triumphtor, bestehend aus zwei Säulenreihen mit sechs kannelierten dorischen Säulen und Stegen der ionischen (!) Ordnung.

„Früher mit Mauer war's irgendwie spannender ..."

⭐⭐⭐☆☆ Frank F • Tripadvisor

„Muss man gesehen haben. Aber nicht länger als 5 Minuten."

⭐⭐⭐☆☆ koenigralph • Tripadvisor

„Seit dem Fall der Mauer hat es jede Bedeutung verloren und ist nur noch ein Verkehrshindernis inmitten der Stadt. Man sollte es einfach abreißen."

⭐☆☆☆☆ jsalus • Golocal

„Ein wunderschönes Tor, als wir da waren, war es sogar offen und man konnte durchgehen. Kann wohl gar nicht geschlossen werden. Sehr untypisch für ein Tor. Nicht schließbare Dinge sind aber wohl für unser Land normal, siehe Grenzen."

⭐☆☆☆☆ chris toph • Google

„Der Baustil ist langweilig und austauschbar. Warum alle Welt hiervon Fotos macht, ist mir schleierhaft. Allein bei Illuminationen entsteht etwas faszinierendes Neues. Dafür wäre aber auch eine weiße Wand völlig ausreichend."

⭐☆☆☆☆ Markus 12043 • Tripadvisor

Die Wall Street

Kein Witz: Der „Charging Bull" – der zornige Bronze-Bulle vor der New York Stock Exchange – steht dort eigentlich illegal. Das Dreieinhalb-Tonnen-Monstrum wurde einst ohne Erlaubnis von einem Street-Art-Künstler einfach dort abgestellt und nie wieder weggeräumt. Der Künstler ist mittlerweile fast pleite, während an der wichtigsten Börse der Welt immer noch prächtig verdient wird.

„Glücklicherweise hatte ich den Charging Bull in der Vergangenheit schon einmal gesehen, ohne dass eine Menschenmenge von Selfie-Verrückten 20 Minuten lang in einer Warteschlange wartete, um ein Foto von sich selbst und dem Hintern des Bullen zu machen. Dieser ikonische Ort ist total lächerlich geworden."

★☆☆☆☆ Noraatc • Tripadvisor

„Dort laufen ein Haufen Krawatten und Kostüme herum und ansonsten gibt es nichts."

★☆☆☆☆ Rene • Zoover

„Der Bulle wird buchstäblich von bekloppten und hirnlosen Touristen angegriffen, die sich umbringen, nur um die Eier des Bullen anzufassen!"

★★☆☆☆ Carlingo85 • Tripadvisor

„Am Wochenende ist die Gegend tot wie Kolumbus und so spannend, wie Farbe beim Trocknen zuzusehen."

★☆☆☆☆ Thore Waitz • Google

„Wenn wir dereinst Geschichte sind, werden die Touristen der Zukunft vielleicht durch die Wall Street und die marmornen Empfangshallen der New Yorker Banken wandeln und dabei den schaurigen Geschichten um Spekulation, Gier und Geldvernichtung lauschen, wie wir heute den fantastischen Erzählungen von Gladiatoren, Cäsaren und Pharaonen."

★★★★☆ ExtremRelaxer2000 • Tripadvisor

Manchmal sind die richtigen Erkenntnisse an der Börse einfach eine Frage der richtigen Persepektive.

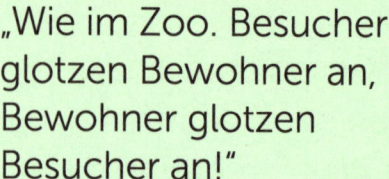

„Wie im Zoo. Besucher glotzen Bewohner an, Bewohner glotzen Besucher an!"

★★★☆☆ Lara Beiersdorf • Google

Der Freistaat Christiania

Etwas hat überlebt! Freie Liebe, freie Drogen, Freiheit überall: Der autonome Kopenhagener Stadtteil Christiania ist immer noch Sehnsuchtsort aller derjenigen Menschen, die selbstbestimmt leben und (manchmal) sogar arbeiten möchten.

„Für eine angeblich freiheitlich anarchistische Hippie-Kommune ist hier aber mächtig viel verboten: Autos verboten, Motorräder verboten, in Gruppen gehen verboten, rennen (!) verboten, fotografieren verboten, Hunde an der Leine (!!) führen verboten, Werbung verboten. Alles verboten."

★★★☆☆ Hansewittchen • Tripadvisor

„Kommt einem vor wie ein Altenheim, dessen Bewohner vergessen haben, wie sie hierhergekommen sind. Sehr viel Dosenbier."

★★★★☆ HighRiskTravel • Tripadvisor

„Wenn das das freie Leben ist – Prost Mahlzeit!"

★☆☆☆☆ 485markust • Tripadvisor

„Wenn von der Ostsee her ein leichter Windhauch durch die Straßen von Christiania weht, dann kann man durch die intensiven Haschischschwaden manchmal auch Urin riechen."

★★★☆☆ Alexander Herm • Google

„Resthippies, Freemen und Möchtegernalternative. Eine Müllhalde mit Baracken, Klischees und Tütenrauchern die noch nicht begriffen haben, dass 1968 eine Zeit her ist."

★☆☆☆☆ ErT108 • Tripadvisor

Legoland und Legohotel

Mittlerweile hat das Legoland zahlreiche Außenposten in Nordamerika, Asien und sogar Arabien. Die sind zwar alle größer und moderner als das Legoland im dänischen Billund, aber eben nicht das Original, das von Jung und Alt immer noch geliebt wird – meistens zumindest.

„Leichte Abzockgefahr beim Fahrspaß ‚Piratenschlacht'. Am Eingang ein Schild: ‚Sie können nass werden!' Und ein Automat mit Plastikfolien-Überziehern. Kostenpunkt: 4 Euro. Am Ausgang: Ein Heißlüfter – mit Münzeinwurf!"

fincaleser • Spiegel Forum

„Die gute Nachricht ist, man muss nicht mehr nach Italien fahren, um sich nach Strich und Faden abzocken zu lassen."

★☆☆☆☆ manolo72ta • Tripadvisor

„Da ich etwas Bauch habe, konnte ich einige Fahrgeschäfte nicht nutzen! Bin sehr, sehr, sehr traurig. Personen ab 100 Kilo. Laßt es sein, ihr habt keinen Spaß".

★☆☆☆☆ Svena Achter • Google

„Ich empfehle nach Disneyland zu fahren. Dagegen ist Legoland ein sozialistisches Paradies."

geilundgemein • Spiegel Forum

„Teilweise sehr laut, viele Kinder, macht ja auch Sinn. Muss man schon ausgeruht oder sehr nervenstark sein."

★★☆☆☆ Dirk M • Tripadvisor

„Wenn Sie auf der Suche nach einem Parkplatz für 80 Euro sind, ist dies der richtige Ort."

⭐⭐☆☆☆ EveEye65 • Tripadvisor

„Herrlich. Den ganzen Tag ‚Lego TV' glotzen. Am liebsten liege ich einfach nur im Piratenzimmer. Meiner Frau erzähle ich immer, ich wäre auf ‚Geschäftsreise'."

⭐⭐⭐⭐⭐ Thomas Dreyer • Google

„Ich kam wegen einem Geschäftstermin und liebte es, im Piratenzimmer zu wohnen. Das Bügeleisen war aber ziemlich schlecht."

⭐⭐⭐☆☆ HantsJonny • Tripadvisor

Ein Hoch auf alle Erwachsenen, die sich weigern, erwachsen zu werden! Das gilt ganz besonders im Legoland.

„Immer diese blöde Frage: Wozu brauchen wir die Elbphilharmonie? Wozu brauchen wir Beethovens Neunte?"

★★☆☆☆ RailAndFly • Tripadvisor

Die Hamburger Elbphilharmonie

Am Ende war sie dann doch eine Spur teurer. Statt 77 Millionen wurden es sportliche 866 Millionen. Doch was ist der Preis für Weltruhm? Wer fragt in 200 Jahren noch danach? Und was wäre wohl mit Sydney passiert, wenn man damals statt einer Oper ein günstiges Bürohaus gebaut hätte?

„Leider spült die grandiose Architektur jede Menge Klassikproleten an. Mich fragte wirklich einer, ob Ludwig VAN Beethoven tatsächlich Holländer war. Ich hab ihn glaubhaft überzeugt, dass er Belgier ist."

⭐⭐⭐⭐☆ Thomas Dreyer • Google

„Um den Konzertsaal von innen zu sehen, mussten wir uns allerdings zwei Stunden ukrainische TOnA-Le zWöLfTOnmUSIK antun. So schief, ich hatte Angst, das Gebälk fliegt uns um die Ohren."

⭐⭐⭐⭐⭐ Sonnenscheinchen2000 • TA

„Die Kartenkontrolleurinnen am Fuß der nach oben führenden ‚Monstertreppe' hielten es auch nicht für erforderlich, meine 86jährige Mutter auf den Aufzug hinzuweisen. Sie hat die Treppe mit größter Mühe tatsächlich geschafft."

⭐☆☆☆☆ Jochen • Tripadvisor

„Leider wurden die perfekten musikalischen Darbietungen getrübt durch ein extrem störendes turbinenartiges Pfeifen."

⭐⭐⭐☆☆ volker_hermann • TA

„Die Meeresfrüchte
sind exzellent!"

★★★☆☆ abshir m • Tripadvisor

Mogadischu

Da staunten die Grenzbeamten am Flughafen der somalischen Hauptstadt nicht schlecht: Im Jahr 2010 bat ein 41-jähriger Kanadier um Einlass ins ostafrikanische Bürgerkriegsland. Gefragt nach dem Grund seiner Reise, sagte er: „Ich bin ein Tourist". Nach vielen, vielen Jahren war er der Erste, der aus touristischen Gründen einen Einreiseantrag stellte. Viermal versuchte man, ihn zurück ins Flugzeug zu verfrachten, schließlich wollte man den renitenten Extremtouristen den vor Ort stationierten UN-Friedenstruppen übergeben. Irgendwann dämmerte es den zuständigen Stellen, dass der Kanadier es ernst meinte und ließen ihn einreisen. Mittlerweile tun das immer mehr, es gibt vor Ort sogar einen Reiseanbieter „Visit Mogadishu", der unter dem Motto „We design your dream vacations" das Leben und Überleben in Mogadischu organisiert.

„Dann kam der große Tag, als wir mit einem vollgepanzerten Allradfahrzeug ausgestattet wurden, weil es in der Stadt nach Ärger aussah. Zum Glück waren wir wieder in unserem Hotel, als gleich die Straße runter eine Explosion stattfand."
⭐⭐⭐⭐⭐ BryanClarke1 • Tripadvisor

„Ein einzigartiges Erlebnis. Habe schon lange davon geträumt, Mogadischu heute zu besuchen. Erwarten Sie aber nicht, mehr als 10 Minuten an einem Ort verbringen zu können."
⭐⭐⭐⭐⭐ pablitoRJ • Tripadvisor

„So abseits von den ausgetretenen Tourismuspfaden, wie man es sich nur vorstellen kann. Unsere Guides brachten uns zu den schönsten Seiten der Stadt, leider konnten wir nicht die Black-Hawk-Down-Stelle besuchen, da es hier keine erkennbare Straße mehr gab."

⭐⭐⭐⭐⭐ Rudy M • Tripadvisor

„Rechnen Sie damit, dass Sie zum Mittagessen immer ins Hotel zurückkehren, immer mil Sicherheitskräften und immer hinter Sprengmauern, was den Zeitplan immer ein bisschen durcheinander wirbelt, aber es ist, wie es ist. Unvergessen für mich, ich bin wohl einer der wenigen, der mit einer Drohne über die Stadt fliegen konnte, um ein paar Fotos zu schießen."

⭐⭐⭐⭐⭐ theredbaron218 • TA

„Ich hatte 5 sehr coole Tage in Mogadischu, in einem vom Krieg zerrissenen Land haben sie mir einen qualitativ hochwertigen Service geboten. Und halfen mit bei meiner verrückten Suche nach alter somalischer Musik und dabei, einige legendäre Künstler zu treffen. Meine Zeit fiel mit zwei schweren Bombenangriffen zusammen."

⭐⭐⭐⭐⭐ Gokhan A • Tripadvisor

„Ich bin ein Zahnarzt und meine Guides brachten mich zu zwei anderen Zahnarztpraxen in Somalia. Sehr zu empfehlen!"

⭐⭐⭐⭐⭐ Pfundhelle • Tripadvisor

Ist das schon „Overtourism"? Der „Lido Beach" (benannt nach dem italienischen Wort für „Ufer") ist an manchen Tagen voll wie mancher Teutonengrill an der Adria.

Der Leuchtturm an der Hafeneinfahrt von Mogadischu. Sieht aus wie eine über Jahrhunderte malerisch dahinbröckelnde Ruine. Wer näher kommt, erkennt allerdings die unzähligen Einschusslöcher.

Währen man am Ballermann auf motorisierten Sitzbananen rumkurven muss, um Spaß zu haben, reichen in Mogadischu einfache Treckerreifen!

Am Strand

Mogadischu war einmal die „Perle Ostafrikas" mit Palmen, weißen Strände und Architektur im Art-déco-Stil.

„Wäre ich nicht dagewesen, ich würde sagen, der Strand ist ein Fake! Er ist so makellos, es liegt nicht ein Stückchen Papier im Sand. Leg dich bei uns an den Strand, und du liegst mit dem Kopf im Müll!"

★★★★★ Claudia L • Tripadvisor

„Augen auf. Der Strand ist jetzt auch Schießstand für die somalische Armee!"

★★★☆☆ jvearem • Tripadvisor

„Sehr schöne Promenade. Besonders schön ist es, hier abends zu bummeln, wenn die Hitze sich verzogen hat und überhaupt keine Touristen mehr da sind."

★★★★★ romandavy • Tripadvisor

„Ich war ungefähr ein Jahr nach dem Anschlag hier. Ich konnte immer noch die Einschusslöcher in den Wänden des Restaurants sehen. Es war immer noch episch.

★★★★★ AbuBrandon • Tripadvisor

Geldhändler auf dem Bakara-Markt: Für eine Handvoll Dollar (oder einen Arm voll Somalischer Schillinge) bekommt man hier fast alles. Alle Münzen und Scheine bis zu 100 Schilling sind praktisch wertlos. Seit Jahren kursieren nur noch 1000-Schilling-Scheine.

Auf dem Markt

Der „Bakara-Markt" ist der größte Markt Somalias.

„Scheinbar ruhige Gegend, wo so ziemlich alle hingehen und wo man alles von Kleidung bis zum Reisepass oder einer AK-47 (oft indischer Bauart) findet. Allerdings außerhalb jeder Art von Kontrolle durch den Staat."
★★★☆☆ Torting Seloc • Google

„Ich weiß nicht, was die Leute für ein Problem haben, aber ich wurde nicht erstochen. Die Menschen waren sehr herzlich und offen. Und eines habe ich gelernt. Wenn Sie hier etwas suchen und nicht finden, dann existiert es auch nicht. Ich kaufte Ledersandalen für 5 Dollar, die sind auf jeden Fall bequemer als unsere 500 Dollar Sandalen."
★★★★★ Claudia L • Tripadvisor

„Die internationale Abkürzung des somalischen Schillings ist übrigens: SOS. Passt!"
★★★★★ PiotrLV • Google

Die Spanische Treppe

Die berühmteste Treppe der Welt hat mit Spanien nichts zu tun, außer dass sie am „Spanischen Platz" endet. Für Turtel-Touristen ist die opulente Marmortreppe in Rom Anlaufpunkt Nummer 1.

„So geht es denn auf dem Spanischen Platze ganz lustig zu."

J. Wolfgang von Goethe
(Zweiter Römischer Aufenthalt)

„NIEMALS, NEVER EVER die Rosen der Verkäufer berühren!"

★★★★☆ OhMaryTravel • Tripadvisor

„Es gab keinen Aufzug".

★☆☆☆☆ Jack Sullivan • Google

„Ist ne Treppe, sitzen Leute drauf. Hab nicht herausgefunden warum. Der Brunnen davor ist jedenfalls um einiges eindrucksvoller. Gegenüber ist die Via Condotti mit ihren Oberklasse Geschäften. Wer eine Tochter in der Tussiphase dabei hat, sollte ein Seil mitnehmen oder über eine solide Brieftasche verfügen."

★★☆☆☆ aalhuhnsuppe • Tripadvisor

„Ganz schön viel Wind um ein paar Stufen. Also ehrlich, besonders ist die Treppe nicht – ok, die ist aus Marmor, aber das ist meine vorm Haus auch. Na ja, vielleicht hab' ich da auch nicht so den Draht zu Stufen, bin so eher der Aufzug-Typ."

★☆☆☆☆ christiansK3365SI • TA

Sie hat weder geknarzt noch haben einzelne Stufen gewackelt. Dafür ein Lob an die Erbauer. Ich würde sie wahrscheinlich wieder benutzen.

★★★★☆ Dan Pohlenz • Google

„Mögen Sie amerikanische Touristen? Dann ist das der Platz für Sie! Garantiert keine Italiener in einem Umkreis von 500 Metern."

✰✰✰✰✰ Daniel Higgenbottom • Google

.Achtung, das ist kein Treppenwitz! Früher saß man – wie hier zu sehen – noch gemütlich auf den Stufen, mittlerweile ist dieses jedoch verboten, um die Bausubstanz der Treppe zu schonen. Es drohen Strafen bis zu 400 Euro. Stehen und gucken bleibt aber weiterhin kostenlos.

„Jede Dorfkirmes
hat ein grösseres
Riesenrad."

✮✩✩✩✩ Connector744596 • Tripadvisor

Der Wiener Prater

Die Geschichte des Wiener Praters ist die Geschichte eines großen Missverständnisses: Der „Wiener Prater" ist ein großes öffentliches Areal in Wien. Der populäre Vergnügungspark ist davon lediglich ein Teil. In Österreich kennt man ihn deshalb vor allem unter dem Namen „Wurstlprater" – benannt nach der Theaterfigur des „Hanswurst", was den jährlich rund drei Millionen Besuchern aber ziemlich Wurst ist.

„Mir war es zu viel Rummel auf dem Rummel."

★★★☆☆ UweSchell • Tripadvisor

„Viel zu laut, man hört keine Musik mehr, weil sich alle gegenseitig überdröhnen. Bettler, Säufer, aggressive Menschen sowie Taschendiebe gibt's haufenweise. Freundliche Schausteller jedoch so gut wie gar keine. Wer also überteuerte Geschäfte sucht mit genervten Mitarbeitern, angepöbelt werden möchte, Gestank & gestoßen bevorzugt & keinen Wert auf Eigentum setzt, ist dort genau richtig."

★☆☆☆☆ Loli Lolina • Google

„Mitarbeiter is unhöflich und kann nicht amal gescheit Deutsch reden."

★☆☆☆☆ gravy1 110 • Google

„Die Fahrgeschäfte sind aus Anfang der 80ziger. Die Essensbuden sind völlig abgerockt, das Personal unmotiviert, die Sauberkeit lässt auch zu Wünschen übrig. Aber wer auf ein klassisches *Groschengrab* im Retro-Style steht, ist hier bestimmt gut aufgehoben."

★☆☆☆☆ Martin F. • Google

„80er Jahre Neobetonismus at its best."

★★★☆☆ HimmelueberBerlin55 Tripadvisor

Die Grande Arche

Die Berliner Siegessäule könnte locker in dem großen Torbogen der Grande Arche untergebracht werden. Das würfelförmige Bürogebäude ist 110 Meter hoch und das architektonische Vermächtnis des ehemaligen Staatspräsidenten François Mitterand, der den Parisern etwas wirklich Großes hinterlassen wollte. Offiziell heißt das Bauwerk „La Grande Arche de la Fraternité", wird aber auch „L'Arche de La Défense" oder einfach „Grande Arche" genannt.

„Was für ein Arche!"

⭐⭐⭐⭐⭐ ParisLover • Skyscanner

„Unglaublich riesig ... da passt selbst Notre Dame rein ... und könnte noch hüpfen und würde sich nicht die Türme stoßen ... ;-) Einfach sehenswert."

⭐⭐⭐⭐⭐ Andreas S • Tripadvisor

„Wenn Sie Beton mögen ..."

⭐⭐⭐☆☆ bonevert • Google

„Mir kommt es aber vor wie ein riesen Legostein, der auf dem Platz vergessen wurde.

⭐⭐☆☆☆ benig_12 • Tripadvisor

Keine Konkurrenz zum ‚richtigen' Triumphbogen. Nur weil der Grande Arche in einer Linie mit dem Place d'Etoile und dem darauf befindlichen Triumphbogen liegt, kann man ihn noch lange nicht mit dem ‚echten' Triumphbogen vergleichen."

⭐⭐⭐☆☆ GruenerLeguan • Tripadvisor

„Größenwahn pur. Sehr toll".

⭐⭐⭐⭐⭐ Marco Malacarne • Google

„Es versperrt die Aussicht auf den Champs-Elysees. Wieviel Milliarden hat dieser Horror gekostet?"

⭐⭐⭐⭐⭐ C FERRE • Google

„Ich habe eine Standuhr zuhause, die genauso spannend anzuschauen ist."

✩✩✩✩✩ Owen P • Tripadvisor

Big Ben

Wenn es stimmt, dass Kirchenglocken die Artillerie der Geistlichkeit sind, müssen die Briten ein zutiefst gläubiges Völkchen sein: Mit 17 Tonnen bimmelt „Big Ben" als eine der schwersten und lautesten Kirchenglocken der Welt. Der gleichnamige Turm (der offiziell Elisabeth Tower heißt) darf übrigens nur von britischen Staatsbürgern besichtigt werden. Der Grund: Die Terrorgefahr wird so verringert. Glaubt man.

„Konnte ihn nicht sehen, muss winzig sein."

★☆☆☆☆ Lukas gramüller • Google

„Wow ne Uhr! Tick Tack ... wooooow."

★☆☆☆☆ Da Paddy • Google

„Must häffle wenn man in London ist."

★★★★☆ Jürgen Pischulti • Google

„Big Ben ist nicht so ‚big'. Aber egal was ich schreibe, die Leute werden sowieso hingehen und schauen. Ich verstehe den Hype um diese Uhr wirklich nicht."

★★☆☆☆ Loren B. • Yelp

„Überbewertete große Uhr. Bin mir nicht sicher, ob man sie braucht, da Leute heutzutage Armbanduhren tragen."

★☆☆☆☆ richard d • Tripadvisor

„GROSSER BEN oder KLEINER BEN? Weder das Gebäude noch die Uhr sind nicht so groß wie der Name es vermuten lässt. Der Uhrenturm wirkt sogar eher klein, wenn man es genau betrachtet. Aber es ist ja auch nicht der Turm, der BIG BEN heißt, sondern die Glocke der Uhr."

★★★☆☆ Qype User escafe • Yelp

Der Petersdom

Wer von den heidnischen Römerbauten genug hat, findet als Rom-Tourist Erbauung in der bedeutendsten Kirche der Christenheit. Über Jahrhunderte werkelten Künstler, Handwerker und einfache Arbeiter an dem riesigen Kuppelbau. Bei Gottesdiensten finden bis zu 20 000 Menschen Platz und manchmal auch erleuchtende Erkenntnisse.

„In den Dom zu kommen bedarf Stehvermögen."

⭐☆☆☆☆ Peter-51161 • Tripadvisor

„Es ist sehr interessant, was man alles in dieser Kirche entdecken kann. Es befinden sich sogar die Überreste eines Papstes dort, der sehr an das von Coca Cola geschaffene Bild des Weihnachtsmannes erinnert."

⭐⭐☆☆☆ Benjamin S3549 • Tripadvisor

„Der Petersdom sieht von außen ungefähr so beeindruckend aus wie die Schlange davor. Wirklich eindrucksvoll."

⭐⭐☆☆☆ C7921Alpeters • Tripadvisor

„Die Punktzahl ist meinem Empfinden beim letzten Besuch geschuldet. Da kam es mir so vor, als wäre ich in einer Rummelbude für selfieverliebte Selbstdarsteller, denen ein religiöses Empfinden in der bedeutendsten Kirche der Christenheit an der Breitseite vorbeigeht. Fast genauso empfand ich es bei meinem Besuch in der Sixtinischen Kapelle. Auch andauernde Aufforderungen wie ‚be quiet', ‚silence', ‚no Photo no Video' ließen nicht den Anschein einer Andacht aufkommen. Schade!!!"

⭐⭐⭐☆☆ Werner L • Tripadvisor

„Leider hat Gott vor das Vergnügen die Qual gestellt, die sich hier in Form einer endlosen Schlange präsentiert, ganz wie in der Bibel, allerdings nur halb so verführerisch."

★★☆☆☆ sp - felix steck • Google

„Unglaublicher Ort, einfach unglaublich die Hütte. Ich finde es aber bedenklich. Statt den Menschen zu helfen, bauten die Christen damals lieber solche unglaublichen Meisterwerke.

Und das überall auf der Welt. Und das nur, damit man vor Ehrfurcht erstarrt. Hinterlässt bei mir einen faden Beigeschmack."

★★☆☆☆ Marc Stucki • Google

„Achtung, es darf nur im Außenbereich geraucht werden und Parkplätze sind auch nicht vorhanden. Das Gebäude ist nicht mit dem Auto besichtigbar. Das schreit förmlich nach Thrombose."

★★★★★ A. Farashatqazam • Google

Dieser Weg wird kein leichter sein: Weder in den Himmel noch in den Petersdom kommen Gläubige ganz ohne Anstrengung.

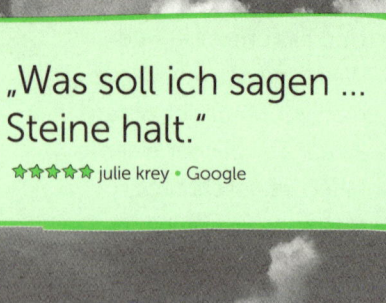

„Was soll ich sagen ...
Steine halt."

★★★★★ julie krey • Google

Die Akropolis

Man muss es immer wieder sagen: Die Akropolis bezeichnet nicht den Tempel, sondern die gesamte Festungsanlage der Athener Oberstadt. Das Säulengebilde ist der Parthenon („Jungfrauengemach"), den man zu Ehren der Göttin Athena baute. Sie war nicht nur die Schutzheilige der Stadt, sondern fiel — im großen Sammelsurium der sinnesfreudigen Griechengötter — durch ihre Keuschheit angenehm auf.

„Wirkt alles ziemlich altmodisch. Renovierungsarbeiten wären erforderlich. Hier erkennt man deutlich das fehlende Geld in Griechenland."
★☆☆☆☆ Peter Grimm • Google

„Aktuell sieht man nicht viel, aber die Aussicht ist gut!"
★★★☆☆ Kurt Sauer • Google

„Wer auf kaputte Steine steht, kommt hier voll auf seine Kosten."
★★★☆☆ J. Breunig • Google

„Wie ein hohler Backenzahn, so steht sie als Wahrzeichen über der 3 Millionenstadt Athen. Hunderte von Steinmetzzahnärzten sind pausenlos damit bemüht, den Verfall von edlem Marmor zu profanem Gips zu stoppen. Erfolgsaussichten ungewiss!"
★★★☆☆ BHettes • Tripadvisor

„Was mich wundert ist, dass die Griechen immer noch mit Ausgrabungen und Restaurationen beschäftigt sind. Man hat das Gefühl, die haben vor ein paar Monaten damit angefangen, dabei geht das schon Jahrzehnte. Fortschritte nicht sichtbar."
★★★☆☆ Renedecker • Tripadvisor

Spaniens Kathedralen

Wer wissen will, wo momentan die beiden verrücktesten Kirchen der Welt gebaut werden, muss zweifellos nach Spanien reisen. Beide sind noch nicht fertig, und ob sie es jemals werden, ist auch nicht so ganz klar.

Die Sagrada Familia

Was den Berlinern ihr Flughafen, ist den Spaniern ihre Sagrada Familia. An der nach Plänen von Antoni Gaudí erdachten Kirche wird in Barcelona seit dem Jahr 1882 gebaut. Optimisten gehen momentan von einer Vollendung im Jahr 2026 aus – rechtzeitig zum 100. Todestag von Gaudí. Im Gegensatz zum BER ist der Bau aber bereits jetzt ins Weltkulturerbe der UNESCO aufgenommen worden.

„Man bekommt Schmerzen im Nacken, weil man ständig nach oben schauen muss. Die wichtigen Dinge hätte Gaudi auf Augenhöhe verbauen sollen."
★☆☆☆☆ Schu bidi • Google

„30 Euro für den Eintritt ist ein echter Nepp."
★☆☆☆☆ Maximilian Hartung • Google

„Ein magischer Ort, sobald man den magischen Eintrittspreis verdaut hat."
★☆☆☆☆ Emilia March • Google

„Es hat mich traurig gestimmt, dass man Kultur mit Kunst versaut."
★☆☆☆☆ Gioia Ritter • Google

„Gegen die Bauzeit ist der BER ein Witz."

★✩✩✩✩ Marco Peschke • Google

„Beim Reingehen war ich nicht schnell genug. Daraufhin wurde ich von einem Securitymitarbeiter in einer Art zurechtgewiesen, die an das Franco-Regime erinnert".

★✩✩✩✩ Anonimadrid • Tripadvisor

„Ein interessantes Geschäftsmodell: Für eine 131 Jahre alte Dauerbaustelle dreißig Euro Eintritt zu nehmen."

★★★★★ Reisedame2 • Tripadvisor

„Nur das eine Seitenportal ist ‚original', nämlich von Gaudí geplant und gebaut, der Rest ist Disneyland."

phboerker • Spiegel Forum

Nur noch sieben Jahre, dann sollen die Kräne verschwunden sein. Bis ins Jahr 2026 plant man für die Sagrada Famila mit Baukosten von rund 374 Millionen Euro.

Catedral de Justo Gallego

Seit einem halben Jahrhundert baut der 93-jährige Justo Gallego in Mejorada del Campo – einem Vorort von Madrid – eigenhändig eine Kathedrale. Sein Material klaubt er sich von Baustellen, Müllhalden oder auch mal den Restbeständen der örtlichen Ziegelfabrik zusammen. An manchen Tage kommen die Menschen in Scharen – um zu sehen, was Glaube erschaffen kann. Und was Glaube aus einem Menschen macht.

„Magie, Einfallsreichtum, kreatives Genie, Hartnäckigkeit, Illusion, Schönheit, Recycling, Hingabe. Wie man Schönheit schafft mit dem, was andere wegwerfen würden."

★★★★★ albayvalle • Tripadvisor

„Ich konnte nur zwei Schritte in die Kathedrale machen, weil Justo sofort anfing zu schreien und mich rauswerfen wollte, weil ich Shorts getragen habe."

★☆☆☆☆ Anonimadrid • Tripadvisor

„Eine architektonische Kuriosität, die jederzeit zusammenbrechen kann."

★★☆☆☆ A. Rodriguez • Google

„Dies ist der eindeutige Beweis dafür, dass man einen Traum, so großartig er auch sein mag, verfolgen muss. Alle, die sagen, es sei gefährlich, dorthin zu gehen, denen sei gesagt: Gefährlicher ist es, einen armen und kleinen Verstand zu haben. Unabhängig von religiöser Ideologie ist dies die Aufgabe eines Träumers und sollte nur aus diesem Grund bewundert werden."

★★★★★ ENIGMACORPER • TA

„Die Wissenschaft hat uns bisher nicht gelehrt, ob der Wahnsinn die Erhabenheit der Intelligenz ist oder nicht."

★☆☆☆☆ C. D. Museums • Google

„Er ist der Gaudí des 21. Jahrhundert."

⭐☆☆☆☆ A. M. Castrillo • Google

„Er ist sehr alt und hört nichts mehr."

⭐☆☆☆☆ J • Google

„Ich muss alle Frauen eindringlich darauf hinweisen, dass sie zu ihrem eigenen Wohl – auch im Hochsommer lange Kleider tragen sollten, weil dieser Gentleman keine Sekunde zögern wird, sie zu beleidigen und zu vertreiben, nur weil sie kurze Hosen tragen."

⭐☆☆☆☆ J • Google

„Ich wohne gleich nebenan und habe so das Gefühl, dass das alles irgendwann runterkommt."

⭐☆☆☆☆ A. Estebaranz • Google

Eine Baugenehmigung hat Justo Gallego für seinen gewagten Bau nicht. Die Befürchtung, dass die Kathedrale Marke Eigenbau jederzeit einstürzen kann, ist deshalb nicht ganz unbegründet.

„Spiele waren schon zu Ende und Brot hat's auch keines mehr gegeben :("

★☆☆☆☆ polyethylenterephthalat 77 • Google

Das Kolosseum

Rom wurde auch nicht an einem Tag zerstört – das gilt auch für das Kolosseum. Nachdem die Gladiatorenkämpfe im christianisierten Rom „außer Mode" kamen, begann das langsame Siechtum eines Bauwerkes, in dem bis zu 300 000 Menschen bei Kämpfen zu Tode kamen. Erdbeben brachten es zum Einstürzen, es wurde als Wohnraum genutzt, später als Steinbruch und endete schließlich als Attraktion für Millionen von Touristen.

„Für mich zu alt!"

★☆☆☆☆ Eimann Abdalla • Google

„Was ein eindrucksvolles Gebäude mitten in Rom! Darin muss man einfach eine geraucht haben Aber Achtung, es gibt hier keinen Nachschub an Zigaretten, also sparsam sein und nicht direkt die ganze Schachtel runterhauen."

★★★★★ A. Farashatqazam • Google

„Absoluter Geheimtipp! Kennt kaum einer. Ist aber auch ein bisschen kaputt. Wer Staub und Selfiesticks mag – wird das Kolosseum lieben!"

★★★☆☆ Luisakannschreiben • TA

„Nichts für Babys. Wir waren mit unserem Baby dort. Leider war es völlig überfordert vom Gedränge. Auch ist es geschichtlich noch nicht sonderlich interessiert."

★★★☆☆ domkraft • Tripadvisor

„Bei meinem Rundgang frage ich mich allerdings immer, wer so bescheuert ist, den Nervensägen im Legionärskostüm auch noch Geld zu bezahlen für ein Foto. Wofür Leute so alles ihre sauer verdiente Kohle lockermachen, ist mir manchmal ein Rätsel."

★★★☆☆ dago • Yelp

„Erstaunlich viel bequeme Bänke."

★★★☆☆ ZaphodBeeblebrx • Tripadvisor

Das Rijksmuseum

Seinen Nachnamen kennt kaum jemand, sein Vorname steht für eine Zeit, als die Niederlande noch Weltmeere und Welthandel beherrschten: Rembrandt. Nirgendwo auf der Welt kann man mehr Gemälde von dem genialen Maler bewundern als im Rijksmuseum in Amsterdam. Der Star des Museums starb völlig verarmt, hinterließ aber unbezahlbare Gemälde und sogar einen vollen Namen: Rembrandt Harmenszoon van Rijn.

„Kaum interessante Werke, dafür hoher Preis. Der ganz große Teil der Ausstellung besteht aus minderwertigen Gemälden. Ich bin sehr enttäuscht!!"

✭✩✩✩✩ • Michael Sawires • Google

„Vertane Zeit, lauter alte Schinken an den Wänden. Außer der Nachtwache nichts Besonderes. Es gibt in Amsterdam bessere Sachen, die man machen kann!"

✭✩✩✩✩ Stefan Bauer • Google

„Museumsreinfall Nummer 1. Stundenlanges Anstehen vor Garderobe, Ticket-schalter und Einlass am 30.04.2016. NICHT MIT MIR! Ich will das Museum besuchen und nicht stundenlang anstehen!!!"

✭✩✩✩✩ Thomas Kreher • Google

„Insgesamt ganz nett und wohl ein Juwel für die holländische Geschichte v. a. der Malerei. Wenn man aber gerade nicht 3000 Bilder alter holländischer Künstler ansehen will, ist es etwas ‚langweilig' und außerdem sehr unübersichtlich ..."

✭✭✭✩✩ Sven R • Tripadvisor

Mozarts Geburtshaus

Salzburg, Getreidegasse, Hausnummer 9, dritter Stock – ganze 26 Jahre lebte hier einer der größten aller Komponisten: Wolfgang Amadeus Mozart. Sein Geburtshaus gehört zu den meistbesuchten Museen Österreichs. Die quietschgelbe Pilgerstätte bietet vom Nachttopf bis zur Kindergeige des Wunderkinds fast alles, was ein richtiger Mozart-Fan begehrt!

„Auch ich bin ein Wunderkind: Wundere mich sehr, warum hier ein Supermarkt im Geburtshaus des Musik-Genies untergebracht ist."
✮✮✮✮✩ Baumhausblick • TA

„Vollkommen unnötig. Überall in Salzburg findet man irgendeinen Bezug zu Mozart: Hier hat Mozart seinen Kaffee getrunken, dort hat Mozart Musik gemacht, da drüben hat Mozart sein Pferd geparkt."
✮✮✩✩✩ Exilfranke • Tripadvisor

„Gesehen, na ja. Mein Geburtshaus gefällt mir genauso gut."
✮✩✩✩✩ Mario Marinoni • Google

„Man denkt, man wäre in Japan :-)"
✮✮✮✩✩ Juergen W. • Google

„Wer möchte da nicht geboren sein. Rock me Amadeus"
✮✮✮✮✩ M. Stratmann • Google

„Neben der überaus penetranten chinesischen Truppe, die von einem mehr als unsympathischen Reiseführer durchgeschleust wurde, konnte ich hier keine Geburt sehen. Weder von Mozart noch einem seiner Ahnen."
✮✩✩✩✩ Kai S • Tripadvisor

„Das Haus ist großartig. Der Sparladen im Erdgeschoss muss für die Familie extrem praktisch gewesen sein."

★★★★★ Daniel Frazer • Facebook

Seit 2010 im Erdgeschoss: Ein SPAR-Supermarkt. Der Name SPAR stammt übrigens aus dem Holländischen und heißt „Tanne". Rechts: Ein NORDSEE-Restaurant. Das Wort stammt aus dem Deutschen und heißt „Nordsee".

„Willkommen in China!"

★★★★☆ ZaphodBeeblebrx • Tripadvisor

Die Eremitage

Hier hängen sie dicht an dicht: Die Meisterwerke Rembrandts, Rubens' oder Picassos. Sie machen die Eremitage zu einem Museum, das auf einer Stufe mit dem Louvre oder dem Metropolitan steht. Dabei hatte Zarin Katharina die Große einmal ganz klein angefangen: Im Jahr 1764 luchste sie einem Berliner Kaufmann 225 Bilder ab und bildete damit den Grundstock für ein Museum mit heute über drei Millionen Objekten.

„Die Eremitage ist das größte Kunstmuseum auf der Welt. Es gibt so viele Gemälde, Statuen usw., dass man 8 Jahre benötigt, um jeden Raum einmal gesehen zu haben."

★★★★☆ Pyro Fan • Google

„Weltklasse und Kreisklasse. WAS man in der Eremitage zu sehen bekommt, ist sicher zum großen Teil Weltklasse! WIE man es zu sehen bekommt, ist allerdings unterste Kreisklasse!"

★★☆☆☆ HGM006 • Tripadvisor

„Toll aber voll"

★★★★★ Walter Waxmann • Google

„Leider nicht viel gesehen, denn die Asiaten kamen in kleinen Gruppen zu 2 Millionen."

★★☆☆☆ Charlie Hartmann • Google

„Bilder einer Ausstellung. Habe ein eigenes Kunstprojekt gestartet: Ich fotografiere Leute, die Bilder fotografieren. Da hier bummelig 65 000 Gemälde an den Wänden hängen und gefühlt noch zehnmal so viele Besucher unterwegs sind, habe ich mir erstmal ne größere Speicherkarte gekauft."

★★★★★ RussianLover • Zoover

„Den bekommt keiner mehr gerade."

★★★★★ Gab Gie • Google

Schiefer Turm von Pisa

In Pisa stehen 14 200 Tonnen feinster weißer Carrara-Marmor schief – mit einer Neigung von 3,98 Grad. Das ist viel, allerdings kein Weltrekord. Denn auch für andere Türme gilt: Was schief stehen kann, steht auch schief. Rekordhalter ist aktuell der schiefe Turm von Suurhusen in Ostfriesland, mit rund 5,19 Grad.

„Nach Pisa fahren und schauen, ob der Turm wirklich schief steht, ist wie aufs Oktoberfest fahren und schauen, ob es da wirklich Bier gibt. Ich hielt auch die Stadt für sehenswert. Leider Fehlanzeige. Pisa hat teilweise den Charme eines russischen Güterbahnhofs."

★★★☆☆ kreuzquer • Tripadvisor

„Von der Stadt haben viele Touristen ja ein schiefes Bild."

★★☆☆☆ Klara Reimann • Google

„Turm super schief! Frage mich, wie die Erbauer die anderen Gebäude so gerade hinbekommen haben. An-

sonsten langweilig und völlig überrannt. Alle wollen den Turm abstützen … Extrem einfallsreiches Motiv."

★★★☆☆ Andreas Marwan • Google

„Klarer Phall(us): Ich bin geneigt, das Ding bei der Freudschen Gesellschaft zu melden!"

★★★☆☆ Linja Schulz • Google

„Meine Pisa-Studie: Ein Körper ist dann standfest, wenn die am Schwerpunkt angreifende Gewichtskraft durch die Auflagefläche verläuft. Kurzum: Das Ding fällt nicht um. Zumindest nicht theoretisch … ;-)"

★★★★☆ TommyReiseroedler • TA

„Wer Gedränge
liebt, für den ist das
ein ‚Must Have'."

★★★☆☆ MarkusK1858 • Tripadvisor

Die Karlsbrücke

Am Ende ist es wie am Anfang: Bei der Eröffnung im 14. Jahrhundert ging man noch zu Fuß über die gotische Steinbrücke. Im Jahr 1883 führte eine Pferdebahn hinüber, 1905 eine Straßenbahn, die irgendwann den Omnibussen wich. Die Brücke war jahrelang eine der wichtigsten Verkehrsverbindungen Prags. Gegenwärtig wird wieder marschiert. Hauptsächlich sind es Touristen, die stündlich in Kompaniestärke das Wahrzeichen der tschechischen Hauptstadt bevölkern.

„Gruselig, nichts mit Romantik zu tun, hat eher etwas mit Begräbnis und Kirche, Kult zu tun. Wenn du neue Alpträume benötigst, hast du dort genau das richtige Material."

⭐︎☆☆☆☆ Market • Google

„Schöne Brücke ...Viele Menschen .. Zu viele Menschen ...Viel zu viele Menschen.. Bettler an, um und auf der Brücke. Ein Gepresse Körper an Körper im Schneckentempo. Aber so sind nunmal Touristenattraktionen."

⭐︎⭐︎⭐︎☆☆ Vespe Rugo • Google

„Läuft sich gut ... Samtweiches Pflaster, das den Sohlen sanft schmeichelt ... Mitten drauf fühlt man sich wie Jesus ... Nur halt auf der Moldau ..."

⭐︎⭐︎⭐︎⭐︎☆ Panda girl • Google

„Ich war nicht ganz sicher, ob ich in Disneyworld zur Hauptreisezeit gelandet bin. Die Brücke ist ständig voller Menschen aus aller Herren Länder, dazu gibt es auch Gestalten, bei denen ich meine Geldbörse lieber besonders festhalte ..."

⭐︎⭐︎☆☆☆ Teteriner • Tripadvidor

Die Tower Bridge

Als im 19. Jahrhundert Londons Bevölkerungszahl von einer auf rund sechs Millionen explodierte, musste eine neue Brücke zur Querung der Themse her. Den 1894 eröffneten neogotischen Bau queren heutzutage täglich rund 40 000 Menschen. Touristen nehmen dabei am liebsten den Weg über einen Glasboden, von dem man aus 42 Metern in die Tiefe schauen kann.

„Brücke uff, Brücke zu und fertig ist die Laube."
★★★★★ Walter Bungs • Google

„Auf der Glasbodenbrücke war Wandertag im Irrenhaus. Mehrere Gruppen (Schulklassen?) hüpften völlig enthemmt auf dem Panzerglas herum. Gewarnt sei auch vor der Bar unter der Brücke. Die Unfreundlichkeit der Bedienung ist legendär. Einige Gäste sahen aus wie Jesus am Karfreitag."
★★★☆☆ Evelyn • Tripadvisor

„Ich habe selber sieben Jahre in London gelebt und es tut weh, wie schlecht alles organisiert ist. Egal ob gebucht oder nicht, auch im Winter, alles beginnt mit Schlangestehen am Fluss, nächste Schlange dann am Lift, an deren Spitze es einen schrecklichen Film gibt. Der Glasboden ist ein Witz, alles was ich sehen konnte, sind die Füße der Menschenmenge darauf."
★☆☆☆☆ ianwN1 • Tripadvisor

„Jetzt mal Butter bei die Fische, diese Brücke ist alt, aber hässlich. Gut, sie kann sich öffnen, aber auch dann ist sie hässlich."
★★★☆☆ SvenRT75 • Tripadvisor

„Kaffee schmeckt in England stets nach einem chemischen Experiment – gilt auch für den im Tower Café. Der Lupinenkaffee meiner Öko-Tante schmeckt besser."

✩✩✩✩✩ Sophia Schroeder • Google

Gehen Sie bitte weiter, hier gibt es nichts zu sehen! Außer vielleicht eine riesengroße Plastikente, die unter der Tower Bridge hindurchschwimmt.

„Es scheint schwer,
eine gute Führung
zu bekommen."
★★★★☆ Alex vW • Google

Die EZB Zentrale

Immer diese Inflation: Bei Baubeginn sollte das Gebäude der Europäischen Zentralbank noch 850 Millionen Euro kosten. Alleine 220 Millionen Euro sind im Laufe der Bauzeit für unvorhersehbare Preissteigerungen bei Baumaterialien wie Stahl angefallen. Am Ende hatten die Zentralbanker rund 1,3 Milliarden Euro verbaut. Immer nach dem Motto: Pumpt das Geld in die Wirtschaft — Zinsen gibt's ohnehin nicht mehr.

„Hier gibt's viele Frankfurter. Einige Nürnberger. Kaum Krakauer. Arme Würstchen wie ich kommen hierher und bestaunen die reichen Bänker wie Kinder die Affen im Zoo. Nur dass das Affenhaus weniger schickilucky ist als der Luxustempel von Draghi und Co. Total Banane: Wer im Glashaus sitzt, will wohl nicht mit Zinsen schmeißen."

★☆☆☆☆ Anna Geissler • Goolge

„Der Teufel scheißt immer auf den größten Haufen. Obszöne Bankbonzenarchitektur."

★★★★★ hartungp • Spiegel Forum

„Die Kälte der Architektur spiegelt diese Gesellschaft wider."

Wieland l • Spiegel Forum

„Ja, das Gebäude sieht wirklich gut aus. Aber meinen Kredit über 200 Millionen Euro haben sie trotzdem nicht bewilligt und das obwohl ich angeboten habe, in einem Jahr 180 Millionen zurück zu zahlen."

★★☆☆☆ Follow the Foxes • Google

„Hauptaufgabe der Herren in dem Gebäude: Mit Geld arbeiten, das nicht existiert."

★★★☆☆ Adelo 2018 • Google

ON THE ROAD AGAIN

Aufsteigen, absteigen, einkehren:
Von Flughäfen, Hotels, Restaurants
und einigem, was sonst noch so am
Rande des Weges liegt.

„Einmal sah ich eine große Ratte auf dem Buffet der Lounge."

⭐☆☆☆☆ Guest • Sleepinginairports

Die drei schlechtesten Flughäfen der Welt

Wenn die Macher der Website „Sleepinginairport.nets" ihre Auszeichnung der übelsten Flughäfen der Welt verleihen, dann sind diese drei zuverlässig unter den Top 10 — wenn nicht gar unter den ersten drei. Man muss allerdings bezweifeln, dass sich das zuständige Beschwerdemanagement wirklich um die wenig schmeichelhaften Bewertungen seiner Gäste kümmert. Für die Flughafenbetreiber gilt scheinbar ein physikalisches Paradoxon: Auch wer sich immer weiter beschwert, kann trotzdem fliegen.

I. Dschidda König Abd-al-Aziz-Flughafen, Saudi-Arabien

„Ich hatte einen Einwanderungsbeamten, der beim Überprüfen meiner Dokumente eingeschlafen ist. Er verließ dann kurz seinen Posten, um sich Wasser ins Gesicht zu spritzen, schlief dann nach seiner Rückkehr aber sofort wieder ein."

★☆☆☆☆ Guest • Sleepinginairports

„Es gibt nur sehr wenige Sitzplätze. Wenn Sie es schaffen, einen zu ergattern, sollten Sie eine starke Blase haben, um Ihren Sitz zu sichern. Keine Temperaturkontrolle. Es gab überhaupt keine Temperaturkontrolle, sodass die Klimaanlage arktischen Wind rauspustete."

★☆☆☆☆ Guest • Sleepinginairports

„Leute stapeln sich schlafend sogar flächendeckend auf dem Fußboden. Irritierend sind die regelmäßigen Durchsagen auf Arabisch in Hammerlautstärke. Beim Versuch, eine hungerstillende Falafel zu kaufen, bin ich auf dem Hinflug derbe übers Ohr gehauen worden. Doppelter vom ausgezeichneten Preis für ein Sandwich in Mikrogröße."

★★★☆☆ Nicole Lüken • Google

„Der Rucksack von unserem Kind wurde nicht gescannt, weil es ein Kind war. Erstaunlich."

★★☆☆☆ meurwinn • Sleepinginairports

„Sie bestehen darauf, dass du das Gefängnis/Terminal nicht verlässt. Das Einzige, was noch schlimmer ist, ist das Hajj Terminal (das im Grunde genommen eine Gefängnisanlage ist). 14 Stunden auf Metallstühlen, verspäteter Flug, kein Strom, Waschraumloch im Boden mit 3 Zoll Wasser überall, kein Essen, sehr beengte, kopfüber schlafende Menschen. Außerdem behandelt das Sicherheitspersonal Sie wie Dreck."

★☆☆☆☆ Guest • Sleepinginairports

„Ich hatte fast 10 Stunden Transit, als ich von JFK nach Indien kam. Nachdem ich alle Erfahrungen über die schlechte Infrastruktur und das Toilettenchaos gelesen hatte, fing ich an, nur Trockenfrüchte zu futtern, bis ich in Jeddah landete. Überraschenderweise trafen wir auf einheimische Scheichs … die uns eine Transit Pax Karte gaben und uns halfen, die Saudia Transfer Lounge zu finden – Holzböden, Lederliegen und Ledersessel mit gemütlicher Lounge-Umgebung."

★★★★☆ Guest • Sleepinginairports

2. Kathmandu Airport, Nepal

„Die Mitarbeiter sind freundlich und probieren gerne zu helfen. Leider hat niemand einen Plan. Das WLAN ist auf 90 Minuten beschränkt, was doof ist, wenn dein Flieger wie bei uns 30(!) Stunden Verspätung hat."

✪✪✩✩✩ manu atarms • Google

„Das Flugzeug hält etwa 20 Fuß von der Tür entfernt, trotzdem lassen sie dich in den Fluglinienbus steigen, um die kürzeste Busfahrt der Geschichte zu machen."

✪✩✩✩✩ Guest • Sleepinginairports

„Sie müssen durch das Fenster nach ihrem Flugzeug Ausschau halten, damit sie wissen, an welchem Gate es steht."

✪✩✩✩✩ Guest • Sleepinginairports

„Die Hauptprobleme für den Flughafen (noch vor den Erdbeben) sind der Mangel an Sitzgelegenheiten, Schildern, Lebensmitteln, sauberen Toiletten und dem schrecklichen Gepäcksystem."

✪✩✩✩✩ Guest • Sleepinginairports

Geht doch! Statt alleine in der Garage verrostet dieser Bus doch lieber in Gesellschaft seiner Passagiere. Am Kathmandu Airport werden auch kürzeste Distanzen mit dem Bus absolviert, wissen Reisende zu berichten.

Rundum schön: Ausrangierte Flugzeuge am Rande des Port Harcourt Airports, die von dem rasenmähenden Flughafenpersonal liebevoll umkurvt werden.

3. Port Harcourt Airport, Nigeria

„Der internationale Flughafen Port Harcourt ist einer der besten Flughäfen Nigerias. Mit dem sorgfältig geplanten Parkplatz und dem guten Straßennetz ist es Liebe auf den ersten Blick. Das schön gebaute Gebäude liegt nur wenige Minuten vom Herzen der Stadt entfernt und ist für alle Reisenden und Besucher eine weithin sichtbare Schönheit."

★★★★★ Emmanuel • Ayeni Google

„Das Obergeschoss ist noch nicht fertiggestellt und wird jetzt von brütenden Vögeln besetzt. Das letzte Mal, als ich international geflogen bin, habe ich sieben Bestechungsgelder zahlen müssen, nur um in den Wartebereich zu gelangen."

★☆☆☆☆ Guest • Sleepinginairports

„Von den 120 Flughäfen, die ich in meinem Leben besucht habe, ist Port Harcourt mit Abstand der schlimmste.

„Die Ankunft erfolgt nicht in einem Gebäude, sondern in einem Zelt. Der Abflug ist ein Chaos. Ich fühle mich, als wäre ich auf einem Flughafen der 60er Jahre. Stromkurzschlüsse. Keine Fluginformationsanzeige."

✩✩✩✩✩ P. Mello • airlinequality.com

„Einmal sah ich eine große Ratte auf dem Buffet der Lounge, die sich ein Stücken Pizza holte – vermutlich ein Stammgast."

✩✩✩✩✩ Guest • Sleepinginairports

„Die Sicherheitschecks sind ein kompletter Witz, der daraus besteht, dass jemand in ihrer Tasche rumgrabbelt, bis die Hände mit Geld gefüllt sind. Deshalb muss Air France vor dem letzten Einsteigen ihre eigenen Sicherheitschecks auf dem Rollfeld durchführen."

✩✩✩✩✩ Guest • Sleepinginairports

„Vermeiden Sie es von hier zu fliegen, wenn Sie nicht möchten, dass Ihr Reisepass zehnmal überprüft wird, Ihr Gepäck dreimal geleert wird, Ihr Körper dreimal gescannt wird und Sie gezwungen werden, ständig ihre Bargeldvorräte anzugeben, selbst wenn sie innerhalb der gesetzlichen Grenzen liegen".

✩✩✩✩✩ W. Lochead • airlinequality

„Die Ankunft ist ein Zelt, ein echter Spaß, wenn zwei Flüge gleichzeitig bei tropischem Regen ankommen. Lassen Sie mindestens eine Stunde Zeit, um alle Stationen von korrupten Beamten zu überwinden. Die Business Class Lounge ist die schlimmste der Welt – das letzte Mal, als ich sie benutzte, waren keine Plätze mehr frei, eng und überfüllt, kein Champagner, kein Wein, kein Whisky, keine Teller für Essen."

✩✩✩✩✩ Guest • Sleepinginairports

„Jeder Beamte hält seine Hand auf. Sogar der Typ, der sich um die schmutzigen Toiletten kümmert, behält die Toilettenrolle und das Handtuch, sofern man ihn nicht bezahlt."

✩✩✩✩✩ Guest • Sleepinginairports

„Ich bin wach geworden, weil ich eine Wanze im Ohr hatte."

⭐☆☆☆☆ SSS1457 • Tripadvisor

Die schmutzigsten Hotels der USA

Bis ins Jahr 2010 kürte Tripadvisor jährlich „America's Dirtiest Hotels" auf Grundlage der Bewertungen in der Kategorie Sauberkeit. Die „Auszeichnung" wird zwar nicht mehr verliehen, die Top-Ten-Listen kursieren aber noch immer im Netz. Manche Hotels existieren längst nicht mehr, andere haben sich durch simple Umbenennung von der Gruselliste geschummelt, und manche betreiben bis heute ihr schmutziges Geschäft. Hier ein kurzer Blick auf drei Hotels, die irgendwie überlebt haben.

Hotel Carter

Nach den Jahren 2006 und 2008 sicherte sich das „Hotel Carter" auch im Jahr 2009 den 1. Platz auf der Liste der schmutzigsten Hotels. Welcher Putzteufel die Auszeichnung im Jahr 2007 vermasselt hat, ist nicht bekannt, sicher ist: Das Hotel (links im Bild) steht noch immer mit 24 Stockwerken in New York City. „Das Carter" – wie es Globetrotter und Gesundheitsbeamte respektvoll nennen – hat ein recht einfaches Geschäftsmodell: Es steht am Times Square. Die zentrale Lage ist für viele der Besucher des 700-Betten-Hauses so vorteilhaft, dass man in Fragen von Sauberkeit schon mal beide Augen – und meist auch die Nase – zudrücken muss.

„Wir waren eine Woche da und haben unzählige Wanzenbisse. Waren in Deutschland sofort beim Arzt und haben die schlechte Mitteilung bekommen. Wir haben die Wanzen auch leider mit nach Hause gebracht (tagsüber offene Koffer im Zimmer). Diese Biester werden wir wohl nur mit dem Kammerjäger los!!!"

✦✧✧✧✧ Nadja712 • Tripadvisor

„Das Grauen hat einen Namen."

✦✧✧✧✧ 914gaby • Tripadvisor

„Nachbarzimmer von der Polizei versiegelt, also sehr vertrauenserweckend."

✦✧✧✧✧ Claudia G • Tripadvisor

„Das Zimmer war mit gefühlten 100 Schichten braun-grüner Farbe gestrichen, die Vorhänge waren gemacht aus Stoffresten und zusammengetackert. Der Zimmerservice war bei dem 8-tägigen Aufenthalt einmal da, hat die Handtü-

Dieses Waschbecken im Carter Hotel ist seit Eröffnung des Etablissements im Jahr 1930 mit Sicherheit schon einmal gereinigt worden. Vielleicht auch zweimal.

cher ausgetauscht - dabei unser eigenes gleich mit-genommen."

⭐☆☆☆☆ LiSeme • Tripadvisor

„Geschlafen habe ich in meinen Kleidern, da ich möglichst wenig Kontakt mit dem Bett und eigent-lich auch sonst allem im Zimmer haben wollte. Mir ist aufgefallen, dass es zum Teil relativ schöne Zimmer gibt, die wohl renoviert sind. Als der Lift einmal auf der 4. Etage gestoppt hat, konnte ich sogar einen neu verlegten Parkettboden er-kennen!!"

⭐☆☆☆☆ NicTracy • Tripadvisor

Zur Ehrenrettung des Hotels muss man sagen, dass immer wieder Zimmer renoviert wurden. Nach einem Eigentümerwechsel steht sogar eine komplette Erneuerung an. Angeblich.

„Ich möchte wirklich wissen, in welchem Zim-mer und mit welchen Tricks die Photos für die Website des Hotels gemacht wurden."

⭐☆☆☆☆ naemy • Tripadvisor

„Was man von zu Hause mitbringen sollte:
- Handtücher
- Badelatschen
- Desinfektionsspray
- Bettlaken
- Schlafsack"

⭐☆☆☆☆ naemy • Tripadvisor

„Der Boden ist so schmut-zig, dass meine Füße vom Barfußlaufen vom Bettrand zum Bad schon schwarz waren."

⭐⭐☆☆☆ Sascha • Holidaycheck

„Das Hotel warb mit ‚alle Zimmer gerade renoviert'. Mag sein, dass in den Zim-mern etwas renoviert wurde, in unserem Zimmer mag es der Türknopf gewesen sein."

⭐⭐⭐⭐⭐ Beert B • Tripadvisor

„Es gab aufgrund eines Rohrdefekts drei ganze Tage lang kein fließendes Wasser – und das bei 40 Grad im Schatten und einer saunaähnlichen Luft draussen. Man konnte noch nicht einmal das WC benutzen. Was mich am meisten erschrocken hat, war die Tatsache, dass das Hotelpersonal selbst am dritten ‚wasserlosen' Tag noch Gäste eingecheckt hat."

⭐⭐⭐⭐⭐ Natalie • Holidaycheck

„Unser Zimmer war so klein, dass wir unsere Koffer kaum irgendwo hinlegen konnten, um sie aufzumachen. Auspacken wollten wir sowieso nicht, sonst hätten wir danach alle Klamotten wegwerfen können."

⭐⭐⭐⭐⭐ Anna • Holidaycheck

„Zu Hause beim Arzt habe ich erfahren, dass ich einem Überfall einer speziellen Milbenart ausgeliefert war; es hat 1 Woche gedauert, bis ich beschwerdefrei war."

⭐⭐⭐⭐⭐ waltraudbloss • Tripadvisor

„Mit einer großen Flasche Sagrotan, Mausefallen, eigenen Handtüchern und einem Hüttenschlafsack bewaffnet sind wir dann dort angereist. Vor dem Hotel kurz überlegt, ob wir bereit sind und rein in die ‚Höhle des Löwen'. Was uns erwartet hat, war aber eher ein ‚Streichelzoo'! Fazit: VIEL besser als erwartet."

⭐⭐⭐⭐⭐ puffen2000 • Tripadvisor

Jack London Inn

Der Schriftsteller Jack London lebte einige Jahre im kalifornischen Oakland – der Stadt, in der sich das „Jack London Inn" befindet. Der Schöpfer zahlreicher Abenteuerromane hauste damals in außerordentlich ärmlichen Verhältnissen. Irgendwie muss sich das Hotel daran ein Beispiel genommen haben.

„Es gibt keine Klimaanlage. Das Fenster fehlte. Sie hatten keine Handtücher. Sie haben keinen Zimmerservice, noch haben sie gratis Frühstück. Es gibt ein Restaurant nebenan. Bringen Sie nicht Ihre Familie in dieses Hotel."

⭐⭐✰✰✰ Felisa S • Tripadvisor

„Die Amtrac Langstreckenverbindung fährt Tag und Nacht viertelstündlich vorbei und lässt das mit dem Zughorn auch jeden wissen. Schlaflose Nächte."

⭐✰✰✰✰ Felisa S • Tripadvisor

„Ich war hier für vier Nächte und zwei habe ich im Auto geschlafen."

⭐✰✰✰✰ Will D • Tripadvisor

„Wir wurden in ein Zimmer eingecheckt, welches belegt war! Wie peinlich für den Mann, der im Bett lag."

⭐⭐✰✰✰ Uli • Booking.com

„Die letzte Renovierung dürfte kurz nach dem Tod des Namensgebers gewesen sein."

⭐⭐✰✰✰ El Medicus • Google

Polynesian Ocean Front Motel

Der „Grand Strand" in North Carolina ist wahrlich ein Strand der Superlative. Über 100 Kilometer (die Distanz von Hamburg nach Bremen) trennt ein breiter Strand das Meer von Riesenrädern, Restaurants und anderem Rummel. Mittendrin schlägt das touristische Herz: Myrtle Beach, die Stadt, in der auch das Polynesian Ocean Front Motel steht. Das „Beach & Golf Resort" schaffte es im Jahr 2007 auf Platz 1 der Liste.

„Muss mit Brettern vernagelt oder geschlossen werden!"
⭐☆☆☆☆ kathyharris06 • Tripadvisor

„Es stinkt, es ist voller Kakerlaken, es ist widerlich. Übernachten Sie hier nicht! Ich wiederhole: Übernachten Sie hier nicht!"
⭐☆☆☆☆ Telisha L • Tripadvisor

„Das ist ein Loch, das sich als Motel tarnt. Meine Tante schlief auf dem Stuhl, weil das Bett zu ekelhaft war."
⭐☆☆☆☆ DayTrip217472 • Tripadvisor

„Graffiti!"
⭐☆☆☆☆ joycecat2014 • Tripadvisor

„Als wir die Tür zum Flur öffneten, huschten die Kakerlaken auseinander. Als wir die Tür zum Zimmer öffneten, fanden wir zwei nackte Personen drin."

⭐☆☆☆☆ Mike S • Tripadvisor

„Mit dem Personal gab es keine Probleme, es war nicht hilfsbereit, aber sehr höflich."

⭐☆☆☆☆ Scott L • Tripadvisor

„Erbrochenes auf dem Boden und Hundekacke auf dem Balkon. Aus der Mikrowelle kam ein Geruch wie totes Tier. Der Strand war perfekt ..."

⭐☆☆☆☆ ellzAndersen • Tripadvisor

„Meine Tochter blieb im Fahrstuhl stecken, es brauchte sechs Leute, um die Tür wieder aufzuwuchten. Der andere Fahrstuhl war ohnehin kaputt, sodass ich rund 20 Mal die Treppe in die achte Etage steigen musste ..."

⭐☆☆☆☆ 2extreme0815 • Tripadvisor

„Als ich nach einem etwas späteren Check-Out fragte, sagte man mir, das ginge nicht, weil die Zimmer rechtzeitig geputzt werden müssten. Da musste ich dann lachen. Auf der Rückfahrt hatte ich 800 Meilen Zeit darüber nachzudenken, was zum Teufel an diesem Hotel „polynesisch" ist."

⭐☆☆☆☆ RayBam • Google

Immerhin: Das „polynesische" Hotel trägt weiterhin trotzig seinen Namen. Andere Hotels auf der Liste der dreckigsten Hotels benannten sich einfach um: Das „Tropicana Resort Hotel" in Virginia Beach taufte sich kurzerhand in „Palm Grove Hotel and Suites" um. Mit Erfolg: Von Platz 1 in 2007 „verbesserte" es sich mit dem verträumten Namen doch glatt auf Platz 9 im Folgejahr.

„Wer auf Pilgerreise ist und Buße tun will, sollte in dieses Hotel!"
★★★★★ Carsten Krappa • Google

Die Christusstatue von Schwiebus

Die größte Christusstatue der Welt steht nur zwei Autostunden von Berlin entfernt! Mit einer Höhe von 36 Metern überragt sie die Statue auf dem Corcovado in Rio de Janeiro um glatte sechs Meter. Ein polnischer Pfarrer hatte es sich in den Kopf gesetzt, ein „achtes Weltwunder" zu schaffen und finanzierte das Ungetüm nur durch Spenden. Praktisch: Gleich nebenan stehen Hotel und Restaurant, die – genau wie die Statue – eher gemischte Kritiken einfahren.

„Mit Jesus vor dem Fenster hat man immer einen Blick in den Himmel!"
★★★★☆ Ksawery Bielski • Google

„Die Dame im Geschenkeladen scheint als Strafe dort zu sitzen."
★★★☆☆ jakub suchanecki • Google

„Batman wäre besser gewesen."
★☆☆☆☆ Adam Bryla • Google

„Achtung, es gibt eine Kleiderkontrolle am Eingang der Statue, Knie und Schultern müssen bedeckt sein, man kann Kleidung leihen."
★★★★★ NLutz • Tripadvisor

„Jesus würde sich im Grab umdrehen …"
★★☆☆☆ Pah Sza • Tripadvisor

„Ein fliegendes Spaghetti-Monster würde besser aussehen."
★☆☆☆☆ Rex Qair • Google

„Wenn du ein Pilger bist und bereuen möchtest, empfehle ich das Restaurant."
★★★★★ G. Kukulski • Google

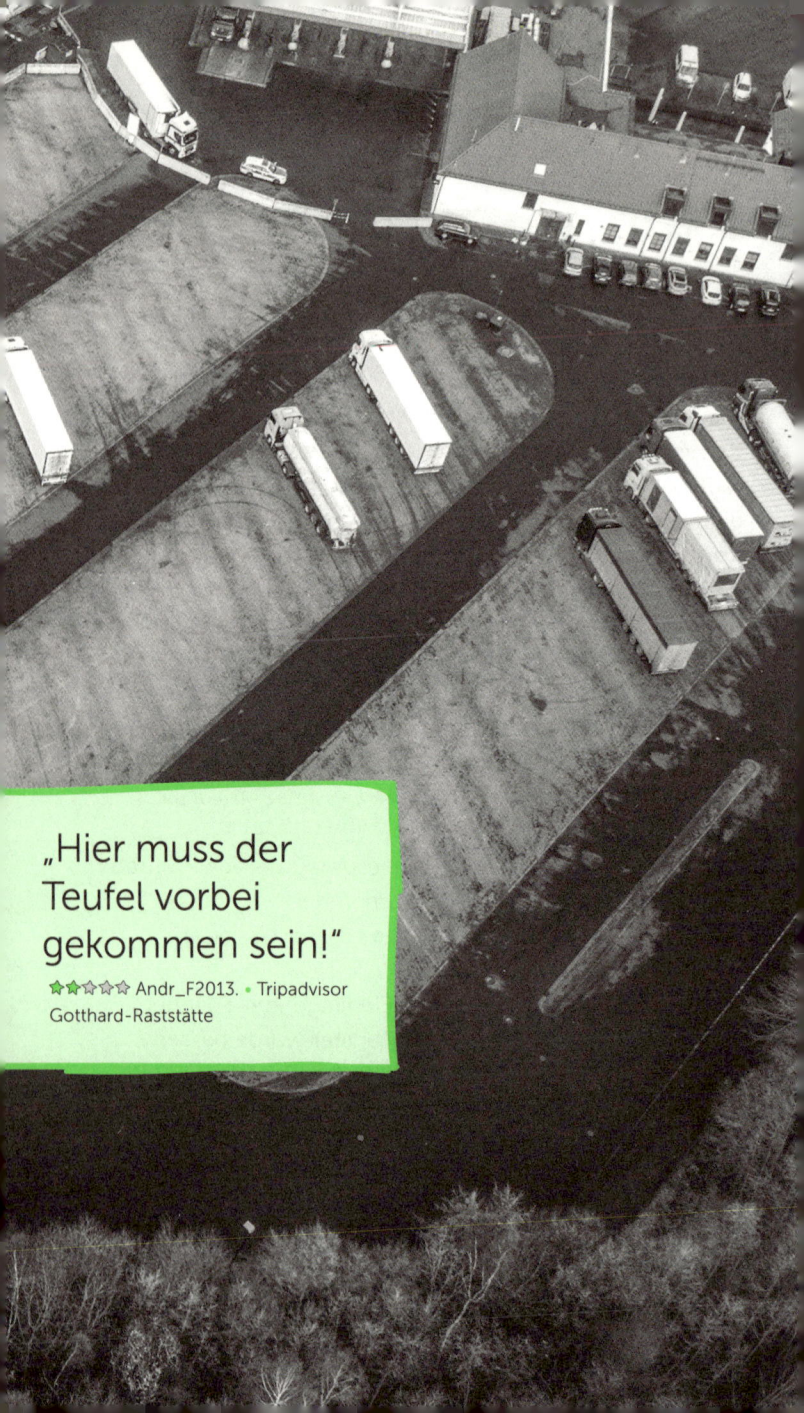

„Hier muss der Teufel vorbei gekommen sein!"

⭐⭐⭐⭐⭐ Andr_F2013. • Tripadvisor
Gotthard-Raststätte

Von Autohöfen und Raststätten

An der Zapfsäule ist noch alles super, aber dann ist nichts mehr normal: Wer eine Raststätte betritt, dem öffnet sich die Tür zu einer ganz eigenen Welt. Für Normalsterbliche sind sie quasi exterritoriales Gelände, für den Autobahnfahrer manchmal die einzige Möglichkeit, möglichst schnell an Treibstoff und Nahrung zu kommen. Die Vermutung liegt nahe, dass dieses Monopol nicht immer der Qualität der angebotenen Dienstleistung zuträglich ist.

„Sauberstes Klo zwischen Palermo und Fernpass. Und dann noch eine kleine Ausstellung dazu. Was will man mehr."

⭐☆☆☆☆ Jan Haase • Google
Raststätte Lanz - Brenner

„Absolute Horror-Raststätte. Eine halbe ‚Kunst-Weltreise' bis zur Toilette und zu essen bekommt man irgendwie auch nichts Richtiges. Hier raste ich sicher nie wieder. Nicht mein Ding. Wenn ich Kunst ansehen möchte, dann gehe ich ins Museum.

Beim Reisen auf der Autobahn habe ich jedoch andere Bedürfnisse."

⭐☆☆☆☆ Fairypan • Tripadvisor
Raststätte Lanz - Brenner

„Bitte hinterlassen Sie dieses WC so, wie Sie es vorfinden wollen. Im Ernst? Ich müsste tapezieren, neue Armaturen einbauen und den Schimmel in den Lüftungen ausmerzen. Vielleicht noch ein paar Bilder aufhängen."

⭐☆☆☆☆ Hielke Behrens • Google
Autobahnraststätte Pforzheim Nord

„I war serschd mol in derta Raschdädd ... alles tiptop, superneddes Personal ... war sogar für de Bus diregd en Platz ftei, nochdem i en Pkw-Fahrer wegghupet hon."

★★★★★ Peter Spöcker • Facebook
Shopping-Raststätte Würenlos

„Waffeln o.k., Pommesfett seit Generationen im Familienbesitz."

★★★☆☆ roadkillwatch • Tripadvisor
Kunst-Raststätte Illertal-Ost

„Der Mensch kann gut 1-2 Wochen ohne Essen über- leben. Wenn sie also nicht gerade die neue Seidenstra- ße befahren müssen, gibt es keinerlei Grund, über- teuerte, lieblos zubereitete, minderwertige Speisen zu sich zu nehmen."

fuffel • Spiegel Forum

„Vor uns kamen mehrere Busse von Asiaten an, die hatten alle Brötchen auf- gegessen, und wir mussten hungrig wieder abziehen. So was ist keine Raststätte!!"

★☆☆☆☆ Kerstin Danner • Google
Raststätte Lanz - Brenner

„Wenn ich nicht ab und zu auf Toilette müsste, würde ich nie eine Raststätte an- fahren. Aber nur für den Toilettengang lohnt auch nicht, die Autobahn zu ver- lassen. Der Sanifair Bon koslet mittlerweile 70 Cent, keine 50. Damit kann man dann zu einem Drittel einen völlig übeteuerten Schoko- riegel anzahlen."

lachina • Spiegel Forum

„Die Wurst wird auf das ein- zige warme vegetarische Gericht gelegt!?"

★★☆☆☆ Marcel R. • Google
Raststätte Seevetal Ost

„Hier muss der Teufel vorbei gekommen sein! Praktisch alle Speisen baden längere Zeit im Wärmebecken, bis sie von ihren Leiden erlöst werden."

★★☆☆☆ Andr_F2013. • Tripadvisor
Gotthard-Raststätte

„Raststätten ... waren ein- mal Teil der gepflegten Reisekultur. Man reiste und speiste gepflegt. Davon ist in unserer individualisier- ten Zeit nichts geblieben.

Man rast mit oder ohne nervende Familie isoliert vom Rest der Menschheit in seiner Blechbüchse, stopft sich Cola und Süßkram in den Schlund und schimpft darüber, dass man für die Luxustoilette mickrige 70ct bezahlen muss, wo doch alles, was der Spießbürger braucht, kostenlos sein müsste."

exHotelmanager • Spiegel Forum

„Meistens wartet man ja stundenlang auf sein Essen. Hier wartet das Essen stundenlang auf Sie!"

☆☆☆☆☆ Ferdinand Münzer • Google Autobahnraststätte Pforzheim Nord

Sieht gut aus, schmeckt aber nicht jedem! Die Kunst-Raststätte Illertal-Ost wurde von einem österreichischen Architekten im Hundertwasser-Stil entworfen – gastronomisch unterscheidet sich die Raststätte aber leider auch nicht von ihren profan gebauten Mitbewerbern.

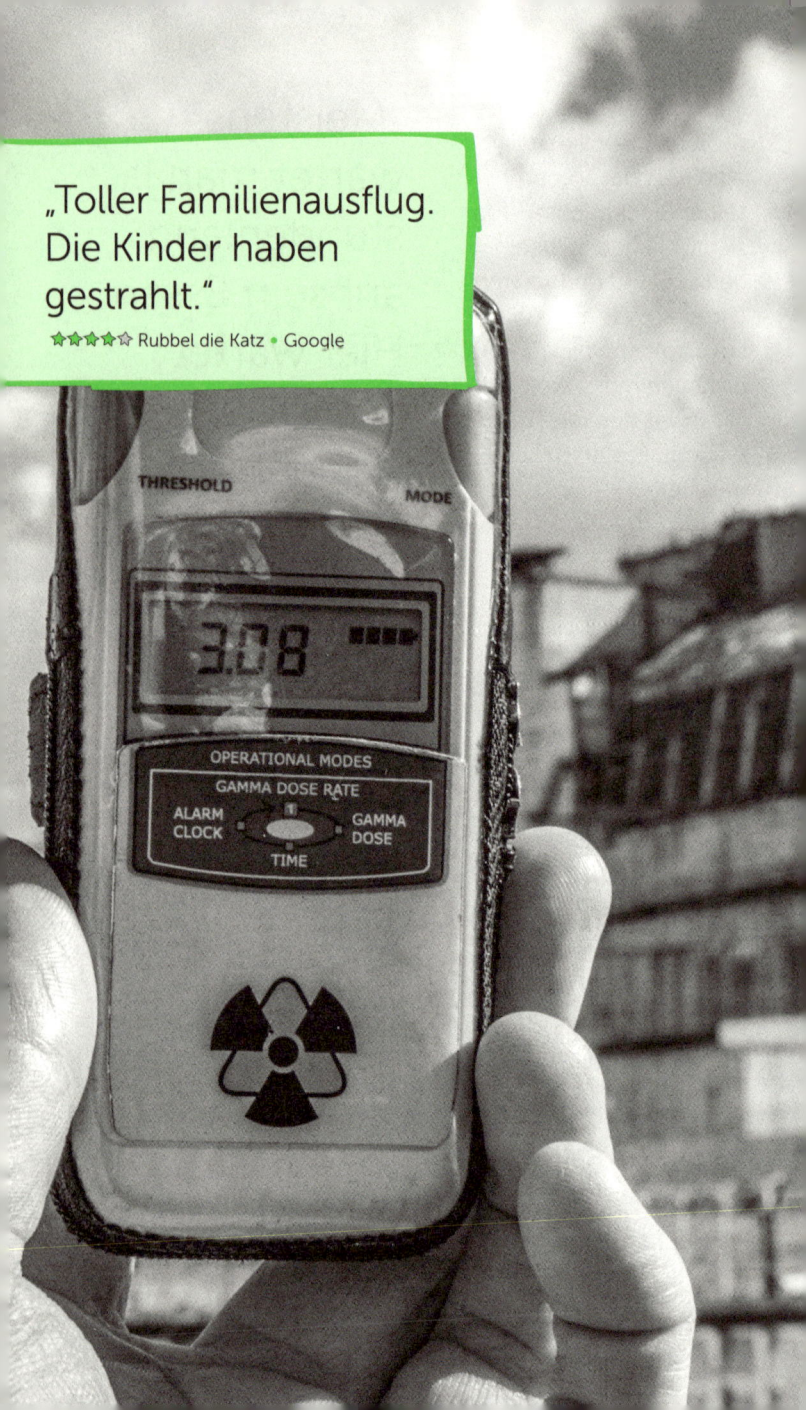

„Toller Familienausflug.
Die Kinder haben
gestrahlt."

★★★★☆ Rubbel die Katz • Google

Tschernobyl-Tour

Die nukleare Apokalypse von Tschernobyl verseuchte Landschaften und vertrieb Tausende von Menschen aus Dörfern und Städten. Mittlerweile besuchen Touristen das gruselige Monument in der Ostukraine. Das Geschäft mit den geführten Touren ist zu einem Wirtschaftsfaktor in der Region geworden, die ansonsten kaum Touristen anzieht.

„Als Ukrainerin bin ich zutiefst traurig darüber, dass sich die Leute so über den Tschernobyl-Vorfall lustig machen. Sie sollten endlich aufhören, Bewertungen zu schreiben wie ‚Ich genieße meine dritte Hand, großartig für Multi-Tasking'. Hört auf, lustige Bewertungen zu schreiben!!!"

⭐⭐⭐⭐⭐ Oliver Pusco • Google

„Fällt ein Russe tot vom Traktor, ist in der Nähe ein Reaktor!"

⭐⭐⭐⭐☆ Anne R. • Google

„Opfer des eigenen ‚Erfolgs' – leider zu touristisch geworden. Wir hatten einen super Guide und die Tour war super organisiert. ABER: Es hatte schlicht zu viele Leute überall (Ende April), man konnte die Tristesse und Stille gar nicht aufsaugen, da es so bevölkert war. Ich würde es allenfalls im Winter empfehlen, da ist es sicher eindrücklicher."

⭐⭐☆☆☆ Felix_Zrh • Tripadvisor

„Das beste Erlebnis meines Lebens. Unser Reiseleiter (und neuer Freund), Timur, war DER BESTE! Wir schauen gerade, wann wir für eine weitere 5-tägige Tour durch die Zone kommen können. Wir haben viel gelacht."

⭐⭐⭐⭐☆ Danielle & Brandon • TA

„Ein beliebtes Viertel mit einem Markt, in dem sie alles finden – auch ihre gestohlenen Gegenstände."

★★★☆☆ genthner • Tripadvisor

Ein Streifzug durch die Zentralafrikanische Republik

Die Zentralafrikanische Republik ist ein Land, das sich auf der Landkarte zwischen dem Südsudan und Kongo versteckt. Sein Staatshaushalt liegt bei etwa 250 Millionen Euro, was ungefähr dem Haushalt von Diepholz entspricht (ein kleiner Landkreis, der sich zwischen Hannover und Bremen versteckt). Gemessen am Bruttoinlandsprodukt war das Land im Jahr 2016 das ärmste Land der Welt. Im Index der menschlichen Entwicklung lag es im gleichen Jahr auf Platz 188 (von 188 Ländern). Zudem hat die Bevölkerung die weltweit niedrigste Lebenserwartung. Kurzum: Es ist furchtbar. Im Jahr 2005 besuchten 12 000 Touristen das Land. Dabei ist die Frage, wer sowas eigentlich zählt, fast so interessant, wie die Frage, was die ganzen Leute da eigentlich wollen?

Hotel Ledger Plaza

The place to be! Das Hotel Ledger Plaza lebt von seiner einzigartigen Monopolstellung: In Sachen Sicherheit und Komfort gibt es im gesamten Land kein vergleichbares Hotel. Geschäftsreisende, Diplomaten oder UNO-Mitarbeiter nächtigen fast alle hier. Das lässt sich man sich fürstlich bezahlen. Das Haus hat Zimmerpreise wie das Berliner Adlon.

„Als das beste Hotel in der Zentralafrikanischen Republik gilt es als ‚libysches Hotel', weil es im Auftrag des ehemaligen libyschen Präsidenten Muammar Gaddafi gebaut wurde. VORSICHT: Toiletten sind ohne Klopapier, aber es gibt Gemischtwarenläden, in denen man sich welches kaufen kann."

✭✭✭✭✩ The Lawyer • Google

„Sie haben vergessen mich vom Flughafen abzuholen. Netter Pool."

✭✭✭✭✭✭✩✩✩✩ Guest • Kayak

„Das Beste, was sie in Bangui bekommen können."

✭✭✭✩✩ M. Nakakande • Google

„Nur Bares ist hier Wahres. Bei einem Zimmerpreis von 350 Dollar pro Nacht stellen Sie sich darauf ein, einen ganzen Berg an Bargeld mitzuschleppen. Ansonsten ein wunderschönes Hotel."

✭✭✭✩✩ Dr. J. Feinstein • Google

„War zum falschen Zeitpunkt da. Vor dem Hotel standen erbeutete Mercedes-Limousinen, rostige Karren mit aufgeschraubten MGs. Die

„Willkommen in Bangui!" Das Bild macht klar, was schief läuft in diesem Staat: so ziemlich alles.

Soldaten der Schutztruppe vom Präsidenten dösten im (leeren) Pool. Der Präsidentendarsteller selbst in der Präsidentensuite (2500 Dollar pro Nacht). In der Lobby lungerten Männer mit cowboymäßig getragenen Pistolen. Das waren die Minister, wie ich später erfuhr. Gleichzeitig hüpften ein paar sehr osteuropäische Frauen über den Marmorboden."

★★★☆☆ Jacob Petersen • Google

„Die Bedienungen waren noch langsamer als das Internet und das will was heißen.

Und machen Sie NIEMALS einen Kopfsprung in den Pool. Der ist vielleicht 80 Zentimeter tief. Die Speisekarte ist scheinbar Opfer der blühenden Fantasie des Küchenchefs geworden. Von der Hälfte der Gerichte hatte der Kellner noch nie im Leben gehört und sie gab es auch nicht."

★★☆☆☆ VanyaZZZ • Tripadvisor

„Sie können nur in bar zahlen, als ob sie Angst hätten, dass man vorher davonläuft."

★☆☆☆☆ Geeta Belas • Google

Es hat fünf Sterne und ist DAS erste Haus am Platz – im LEDGER fehlt es an fast nichts, außer vielleicht an einem E.

Eine optimale Warenpräsentation weckt Kaufgelüste!
Das gilt auch auf dem K-Cinq-Markt.

Der Markt K-Cinq

Was gibt es Schöneres, als im Urlaub über einen lokalen Markt zu schlendern und in das bunte Treiben der Händler einzutauchen? Die Frage, ob ein Besuch des „K-Cinq", Banguis bekanntester Markt, lohnenswert ist, wird allerdings durchaus kontrovers diskutiert.

„Besuchen Sie den Markt und seine berauschende Atmosphäre! Bewundern Sie den Kunsthandwerksmarkt, setzen Sie mit einer Piroge über den Oubangui über. Einzigartiger und außergewöhnlicher Aufenthalt!!"

⭐⭐⭐⭐⭐ beafricatour • Tripadvisor

„Bleiben Sie weg, es sei denn Sie haben eine Todessehnsucht! Ein Straßenmarkt, auf dem regelmäßig Gewalt ausbricht. Das muslimische Handelszentrum, das alles bietet, was Sie wollen, wenn Sie mutig genug sind."

⭐⭐⭐⭐☆ GilbertBouic • Tripadvisor

„Tauchen Sie ein in die lokale Kultur und kaufen Sie im ‚K-Cinq' (Kreuzung 5) ein. Hier finden Sie eine große Anzahl verschiedener kleiner Geschäfte und Verkaufsstände, die zahlreiche Sachen verkaufen - von Lebensmitteln über Schmuck bis hin zu handgemachter Kleidung."

★★★★☆ • admin • inspirock.com

„Die Wahrscheinlichkeit, erschossen zu werden, ist sehr groß."

★☆☆☆☆ MONDOLORI S • TA

„Ein beliebtes Viertel mit einem Markt, in dem sie alles finden – auch ihre gestohlenen Gegenstände."

★★★☆☆ genthner • Tripadvisor

„Im Dzanga-Sangha Nationalpark können Touristen die seltenen Gorillas begaffen und Gorillas die gar nicht mehr so seltenen Touristen. Gleiches gilt für die Pygmäen."

★★★★☆ FrizzoRoth • Tripadvisor

„Darth Vader treffen? Nicht nach 18 Uhr."

⭐☆☆☆☆ Irmard_Anton • Tripadvisor

Euro Disneyland

Das Euro Disneyland ist die meistbesuchte Sehenswürdigkeit Frankreichs — auch wenn das kein Franzose freiwillig zugeben würde. Während die Mona Lisa und ihr Louvre nur neun Millionen Besucher verzeichnen, locken Donald und Dussel Duck jährlich rund 14 Millionen Menschen ins europäische Entenhausen. Tröstend für die Franzosen: Finanziell ist die Kitschwelt für den Disney-Konzern ein Milliardengrab.

„Wenn man bei 30°C auf in Fellkostüme gehüllte, sich vermutlich tot schwitzende Menschen steht, die sich vor der Zuschauergruppe sprichwörtlich zum Affen machen, dann empfehle ich den Standard-Eintritt und vorheriges Fragen des Personals nach einer guten Sichtposition."

★☆☆☆☆ FAMGRET • Tripadvisor

„Wait Disney, für Warteschlangen-Liebhaber"

★☆☆☆☆ alexism6969 • Tripadvisor

„Die größe Enttäuschung war allerdings für mich das Disneyschloss, das ist ja mal sowas von klein, ich war echt geschockt und habe noch ein anderes gesucht. Leider vergebens."

★☆☆☆☆ Nicole V • Tripadvisor

„Es fühlte sich an wie in einem Gefängnis. Essen im Park ist extrem teuer. Ein Bier findet man kaum und man kriegt es nur, wenn man auch etwas zu Essen dazu kauft."

★☆☆☆☆ Martin Terrano • Google

„Warum kann da kein Mensch normales Englisch?"

★★★☆☆ Stardust Sparkle • Google

„Wie die Hölle,
nur schlechter
geheizt!"

Das Hans Brinker Budget Hotel
über sich selbst.

Das Hans Brinker Budget Hotel

Das Hans Brinker Budget Hotel in Amsterdam ist eigentlich nichts anderes als eine normale, billige, versiffte, spartanische Absteige für den preisbewussten Gast – mit einer kleinen Ausnahme: Es bezeichnete sich lange Zeit als das „Schlechteste Hotel der Welt" und warb ganz offensiv damit. Mit Erfolg: Das Brinker ist bestens gebucht und stolz darauf, „seine Gäste seit 40 Jahren enttäuschen zu dürfen". Ganz transparent teilte man seinen Gästen mit, dass sie keinerlei Schadensersatzansprüche hätten – zum Beispiel bei Lebensmittelvergiftungen, Nervenzusammenbrüchen, unheilbaren Krankheiten, Strahlenvergiftungen, Pest, Cholera und anderen Krankheiten, die man sonst nur aus dem 18. Jahrhundert kennt. Immer getreu dem Motto des Hotels: „It can't get any worse. But we'll do our best".

„Das Hotel hat jede Menge Vorzüge, die aber alle nichts mit dem Hotel zu tun haben!!!"

★☆☆☆☆ Frauke Hansen • Google

„Ist ok für eine Nacht, aber ein Tisch wäre schön gewesen."

★★★☆☆ Aaron Scheffel • Google

„Auf einem der fünf Betten des Zimmers hatte es schöne Blutflecken, auf zwei anderen Betten waren undefinierbare, braune Flecken. Nun gut, geschlafen wird im Ganzkörperanzug inkl. Mütze."

★★★☆☆ Luca G • Tripadvisor

„Jeder der gesund bleiben will, Finger weg! Dreckig, Möbel vom Sperrmüll, ausgefranste Lumpen als Gardinen. Ich wurde fast von der Badabtrennung erschlagen."

⭐☆☆☆☆ Dirk • Holidaycheck

„Klassenfahrt in die Hölle – Alptraum pur. Dieses Hotel ist der reinste Horror. Das Badezimmer war mit Schimmel überwuchert. Zwar ist mir bewusst, dass dieses Hotel nicht besonders gut ist, aber das hier ist in der Tat das schlechteste Hotel der Welt, einfach abartig und Menschen unwürdig. Warnung vor Krankheiten!"

⭐☆☆☆☆ Jonas • Holidaycheck

„Es roch nach Schweiß, Urin und Cannabis und die Wände waren voller Graffiti und anderem Zeug."

⭐☆☆☆☆ Lea M • Tripadvisor

„Im Nachbarzimmer befand sich beim Einchecken eine recht große Tropenspinne."

⭐☆☆☆☆ Iris • Holidaycheck

„Macht seinem Ruf alle Ehre. Aber sehr, sehr geil!"

⭐☆☆☆☆ M.G. • Google

„Ich weiß ehrlich gesagt nicht, wo ich anfangen soll ... Ich bin sprachlos und rate jedem davon ab !!!!!!!!!!!!! P.S: Danke Valle für das Booking ... Kotz"

⭐☆☆☆☆ Benjamin • Holidaycheck

„Bettwanzen, Flöhe etc. Ständig wurde man wach, weil es am ganzen Körper juckte und am anderen Morgen haben wir dann festgestellt, dass wir k omplett mit roten kleinen Bissen/Stichen übersät waren. Auch auf dem weißen Laken konnte man kleine Insekten erkennen. Absolut EKELHAFT. Ein Besuch beim Hautarzt hat es ebenfalls bestätigt."

⭐☆☆☆☆ Steffi • Holidaycheck

„Wenn man das Hostel betritt, hängen überall Plakate mit Sätzen wie diesem: Entschuldigung, dass wir die besten sind, Ihre Beschwerden zu ignorieren!!! Und ich glaube, das meinen die auch ernst."

⭐☆☆☆☆ Yasmina • Holidaycheck

„Zu sauber. Es ist zu sauber, wenn sie werben mit dem Slogan, das schlechteste Hotel der Welt zu sein, erwarte ich schmutzige Zimmer und mindestens eine Spinne. Hier wurde sogar gestaubsaugt, als wir ankamen! Schande!"

⭐☆☆☆☆ Ange • Holidaycheck

„Die Bettlaken voller Dreck und Blut und die Zimmer sehen einem Gefängnis ähnlich."

⭐☆☆☆☆ Joris • Google

„Bei uns wurde nachts um zwei Uhr die frische Wäsche angeliefert."

⭐⭐⭐☆☆ Michael Müller • Google

„Hat ein Tischfußball und Beerpong."

⭐⭐⭐⭐⭐ Fabio • Holidaycheck

„Jederzeit wieder. Das ist wirklich einmal ein Hotel, das genau das hält, was es verspricht."

⭐⭐⭐⭐☆ Sven-Freital • Tripadvisor

„Wollt ihr nur saufen, rauchen, feiern und euch ist ein verdrecktes Bett/Bad auch gut, dann ist der Preis und die Lage perfekt."

⭐☆☆☆☆ Hanhphan87 • Tripadvisor

„An der Decke befestigter Duschkopf, Wasser landet überall, nur nicht da wo man es benötigt. Komplette Überflutung des Bades bei Duschnutzung ... Für Leute ohne Ansprüche ist das Hostel bedingungslos zu empfehlen."

⭐⭐⭐☆☆ M4rt1nr • Tripadvisor

„Sehr chillig."

⭐⭐⭐⭐☆ Xzit Rap • Google

„Traditionell
gesalzene Donuts
sind ein Muss nach
dem Bier."

★★★★★ Go523636 • Tripadvisor

Auf dem Oktoberfest

Ob Wirkungstrinker oder Genussmensch – das Oktoberfest bringt Menschen aus vielen Nationen an einen Tisch. Amerikaner, Russen, Australier oder Japaner feiern gemeinsam und teilen im Netz ihre berauschenden Erfahrungen.

„Ich bete diese Party an. Deutsche wissen, wie man Bier trinkt! Ich kann mir beim besten Willen nicht vorstellen, wie man es besser organisieren kann, so viel Bier trinken zu können wie möglich."

★★★★★ LGG51 • Tripadvisor

„Tolle Atmosphäre, viel Gesang und Tanz auf den Tischen. Nach zwei Bieren beginnt man die Sprache zu verstehen und kann mitsingen."

★★★★☆ Piotr M • Tripadvisor

„Es ist, als würden Sie von einer allgemeinen Welle der Freude umhüllt. Gerüchte, dass betrunkene Deutsche und Touristen aggressiv sind, sind nur Mythen. Ja, sie sind betrunken, aber wenn man sie nicht berührt, sind sie völlig harmlos. 60 Prozent der Besucher tragen bayerische Nationalkleidung. Sie ist im Fachhandel erhältlich und kostet ca. 200 Euro. Der Tiroler Hut kann aber schon für 20 Euro erworben werden."

★★★★★ Passport754616 • Tripadvisor

„Das Bier ist großartig, seien Sie sich bewusst, dass das Oktoberfest-Bier stärker ist als das, was in lokalen Bars verkauft wird. Stellen Sie sicher, dass Sie Lederhosen tragen."

★★★★★ Paddy G • Tripadvisor

„Die Mini-Bar enthielt nur ein Foto von Kim Jong-Un."

★★★★☆ Azraelle • Tripadvisor

Das beste und das schlechteste Hotel in Pjöngjang

Fragt man Tripadvisor nach Hotels in der nordkoreanischen Hauptstadt Pjöngjang, spuckt die Website immerhin acht Hotels aus, die sich bisher über Bewertungen von Reisenden freuen (oder nicht freuen) durften. Hier lesen Sie etwas über das am besten und das am schlechtesten bewertete Hotel.

Hotel Yanggakdo (das Beste)

Das Hotel Yanggakdo hat offiziell 7 Sterne (!) und ist nicht nur das mit Abstand größte Hotel Nordkoreas, sondern gleichzeitig das zweitgrößte Gebäude des Landes. Der über 150 Meter hohe Prestigebau hat rund 1000 Zimmer. Der Stolz des Hotels ist das Drehrestaurant auf dem Dach, das sich allerdings nicht mehr dreht.

„Ich gebe jetzt mal 5 Sterne, weil dieses Hotel auf eine Art einzigartig ist. Wir waren im Februar sicher nicht mehr als insgesamt 30 Bewohner, die Hälfte davon Chinesen, in einem Hochhaus mit 46 Stockwerken."

⭐⭐⭐⭐⭐ AndreasK5280 • TA

„Mir wurde eindringlich nahegelegt, das Hotel maximal in einem Radius von 50 Metern zu verlassen. Dieser Radius ist auch auf der Straße durch eine deutliche Markierung hervorgehoben."

⭐⭐⭐⭐⭐ Torsten • Holidaycheck

„Das Hotel ist auch sehr ökologisch, da es weder Strom noch Lebensmittel verschwendet. Jeder ist um die Sicherheit jedes Gastes besorgt – man wird immer begleitet, egal wohin man auch geht."

★★★★☆ D. k. Miljas • Google

„Schöne, saubere Zimmer. Die Dusche schien ein paar Fehler zu haben, aber mir wurde schnell klar, dass es sich nur um eine Kamera handelte."

★★★☆☆ Zheng Lewis • Google

„Handys müssen bei der Einreise abgegeben werden. Bis auf sündhaft teure Telefongespräche aus dem Zimmer, die abgehört werden, besteht kein Kontakt zur Außenwelt. Der Abschied am Flughafen fiel uns allen ein bisschen schwer. Hatten wir uns doch an unsere zwei Reiseleiter und an den Fahrer in den beiden Wochen gewöhnt."

★★★★☆ Gunther • Holidaycheck

„Unglaublich seltsam. Der Keller hat etwas von The

Mangelnde Sitzgelegenheiten in Hotellobbys sind ein stetes Ärgernis. Nicht so im Hotel Yanggakdo. Formschöne Aschenbecher laden zudem auch Raucher zum Verweilen ein.

Shining. Die Mitarbeiter dort sind sehr bemüht, mit Ihnen Tischtennis zu spielen oder schwimmen zu gehen. Das Essen hier ist in Ordnung, leidet jedoch an der Unart, das man Ihnen bei jeder Mahlzeit viel zu viele Gänge auftischen will."

★★★☆☆ volcanoe • Tripadvisor

„Fünf-Sterne-Hotel, Vier-Sterne-Hotelhalle, Drei-Sterne-Hotelzimmer, Zwei-Sterne-Hotelfrühstück."

★★★★☆ bob sun • Google

„Gutes Hotel im Stil der 80er Jahre (obwohl es erst in den 90ern gebaut wurde)."

★★★★☆ Torsten M. • Google

„Ich liebe es, wenn das Porträt des großen Führers auf mich aufpasst, wenn ich

Eine fröhliche Reisegruppe mit Reiseführer im Hotel Yanggakdo. Vermutlich wurde hier auf den „Großen Führer" angestoßen. Oder doch nur auf die zahlreichen Sitzgelegenheiten in der Lobby?

schlafe. Ich fühle mich dann so sicher vor kapitalistischer Propaganda."

★★★★★ Kacper • Google

„Heißer Tipp: Das Hotel verfügt neben Pool, Bowling, Billard auch über eine Karaoke-Bar. Dort ist die Stimmung nicht erst nach dem dritten Taedong Bier sehr ausgelassen. Durch die Spezialität dieses Reiseziels finden sich im Hotel und daher auch in dieser Bar (junge) Leute aus allen Ländern der Welt! Nicht im Traum hätte ich mir gedacht, in Nordkorea mit einem Chilenen ‚Spice Girls' zum Besten zu geben ;)"

★★★★★ Emanuel1993 • Tripadvisor

„Wifi Passwort ‚WELOVEKIM'"

★★★★★ M. Benismail • Google

Ein Radio? Ein Funkgerät? Eine Enigma? Viele Hotelgäste rätseln über die rustikale Eletronik, die hier zwischen den Betten verbaut ist.

Ryanggang Hotel (das Schlechteste)

Das Hotel Ryanggang ist das bei Tripadvisor am schlechtesten bewertete Hotel der nordkoreanischen Hauptstadt. Eines hat es mit dem besten Hotel gemeinsam: Auch hier thront ein Drehrestaurant auf dem Gebäudedach. Der Stolz des 300-Zimmer-Hotels dreht sich in rund 80 Metern Höhe! (Das Drehrestaurant im Berliner Fernsehturm dreht sich übrigens in einer Höhe von 207 Metern – reiten Sie aber besser nicht allzu sehr darauf rum, falls sie das Ryanggang Hotel einmal besuchen.)

„Die Matratze war ein Brett mit einer dicken Wolldecke darüber. Die einzige Lampe warf jedes Mal Funken über den ausgefransten Teppichboden, wenn sie eingeschaltet wurde. Unsere Freunde bekamen ein besseres Zimmer und hatten sogar eine richtige Matratze. Ein Mitglied unserer Gruppe hatte ein Einzelzimmer und eines Abends wurde er von der Rezeption angerufen und sagte, er würde einen Mitbewohner von einer anderen Reisegruppe bekommen. Diese Person ist nie aufgetaucht. Es gab ein nicht rotierendes rotierendes Restaurant oben auf dem Hotel. Und eine seltsame Karaoke-Bar im Keller. Am Tag nach unserer Ankunft tauchte Coca-Cola im Geschenkeladen auf."

⭐⭐⭐☆☆ BP Stpaul • Google

„War gut. Bis wir nach einem McDonalds in der Nähe fragten. Unser Reiseleiter war jetzt so gut gelaunt wie Godzilla, wenn man ihm ein Ei aus dem Nest geklaut hat."

⭐⭐⭐⭐⭐ Lena • Zoover

„Das Personal ist freundlich, hilfsbereit und kümmert sich bei Problemen wie defekten Glühbirnen, TV-Anschlüssen oder WC-Spülungen sofort um Abhilfe ... Die Bedienungen sind nett, flink, pfiffig und zuvorkommend ... Im Karaoke-Keller müffelt es zwar etwas nach defektem Abflussrohr, aber die Einrichtung ist gut in Schuss, die Musikauswahl beachtlich und die beiden zuständigen Mädchen munter und nett."

★★★★☆ K70-Ingo • Tripadvisor

„Stellen Sie sich einen mittelalterlichen Gasthof mit moderner Standard-E-Verkabelung vor und Brötchen, mit denen man Windschutzscheiben zerschlagen könnte."

★★★★☆ Evan Phan • Google

„Das Ryanggang Hotel ist vom Standard akzeptabel ... Im Erdgeschoss befindet sich eine Hotelbar, ein Buchladen (Bücher von/über Kim Il Sung und Kim Jong Il) und ein Bekleidungsladen (welcher allerdings nie geöffnet

Blick vom Balkon des Ryanggang Hotels. An klaren Tagen kann man noch in hundert Kilometer Entfernung qualmende Industrieschornsteine bestaunen.

war). ... Leider ging die Fuß-
bodenheizung nicht zu re-
gulieren, so dass ich nachts
die Balkontür öffnen musste,
um nicht in einer Sauna zu
übernachten."

★★★☆☆ volcanoe • Tripadvisor

„Verstößt gegen die Genfer
Konvention. Ich fragte nach
einem Steak ‚medium rare'
und bekam etwas, das wie
ein furchtbar gerupfter fast
ungekochter Vogel aussah.
Unrealistischer Preis von
55,99 $."

★☆☆☆☆ Tyler Gott • Google

„Das Frühstück ist
in Ordnung. Es gibt
eine Tasse Kaffee
(meine Betonung
liegt auf ‚eine'),
(wir glauben) But-
ter, (wir glauben)
Honig, Wurst,
ungetoastetes
Toastbrot und
Gurken."

★★★★☆ K. Christine • Holidaycheck

Kellnerin im Ryanggang Hotel. Im steinzeitkommunistischen Nordkorea versucht man, das Land von seiner besten Seite zu präsentieren
– das beginnt schon mit schmückender Wandflora.

„„Ich bin 900 km durch Spanien gewandert. Was ich konnte war ‚dos Cerveza grande'."

Karl-Heinz Graw • Facebook

Auf dem Jakobsweg

Warum das Grab des Apostel Jakobus ausgerechnet in der Kathedrale von Santiago de Compostela liegt, kann auch in Spanien niemand so richtig glaubwürdig erklären: Schließlich starb der Jünger Jesus im reichlich entfernten Palästina. Aber Glaube überwindet Berge — genau wie jährlich tausende Pilger auf dem Weg zur Kathedrale.

„Die Verpflegung ist bestenfalls ausreichend, und einige der Unterkünfte würden in den Berichten von Amnesty International über Haftbedingungen in Gefängnissen ganz oben stehen."

⭐⭐☆☆☆ robespierre1798 • Tripadvisor

„Die meisten Jakobswege sind übrigens asphaltiert oder sogar für teuer Geld gepflastert. Auf dem Untergrund will ich nicht wandern, auch nicht mit extradicken Sohlen."

albert schulz • Spiegel Forum

„In der Kathedrale von Santiago ist ein derart grosses Besucheraufkommen, Gezappel der überdrehten, gerade angekommener zielerreichender Pilger, dass wir schnell das Weite gesucht haben."

⭐⭐☆☆☆ To M • Tripadvisor

„Die einzigen, die ernstzunehmend sind, sind die Spanier. Die laufen wirklich ein mörderisches Tempo und sehr große Tagesetappen."

mic123 Spiegel • Forum

„500 Kilometer zu Fuß, Staub, Blasen an den Füßen, Sonnenbrand, Hunger, Erschöpfung - und dann zwei Stunden Schlange stehen für den Gottesdienst?"

⭐⭐⭐☆☆ David Gove • Google

Die besten Restaurants der Welt

Obwohl die Liste „The World's 50 Best Restaurants" heißt, werden auf ihr 100 Restaurants aufgeführt. Die jährlich vom „Restaurant Magazine" ausgetüftelte Liste steht wie jedes Ranking, das irgendetwas mit Gastronomie zu tun hat, im Verdacht, zu subjektiv, zu oberflächlich und zu ungenau zu sein – behaupten zumindest diejenigen, die nicht darauf zu finden sind.

Nr 1 im Jahr 2014: Das Noma in Kopenhagen, Dänemark

Das Noma wurde bereits viermal zum besten Restaurant der Welt gewählt. Kein Witz: Die beiden Gründer ließen sich für ihre „einfache" Küche von einem Überlebenshandbuch der schwedischen Armee inspirieren.

„Tolles Essen, katastrophale Weine. Wenn Sie Oxidation, Essig und Nagellackentferner nicht trinken wollen, sollten Sie im Noma eine gute Flasche Champagner bestellen und von den Weinen die Finger lassen."

★★★★☆ Peter R • Tripadvisor

„Bei diesen Experimenten wird der ursprüngliche Gedanke einer Küche der Regionen durch seine Radikalisierung ad absurdum geführt: Die in der Nachbarschaft gefällte Birke muss sich einer aufwendigen Extraktion im Sous-Vide-Verfahren unterziehen. Wie es schmeckt, ist eigentlich egal, denn es ist die Botschaft, auf die es ankommt: Die nordische Leitkultur wird auf dem Teller gegen die fremden Zutaten verteidigt. Auf ihren Endsieg wollen wir allerdings nicht hoffen. Insgesamt aber eine wahnsinnig tolle Erfahrung."

⭐⭐⭐⭐⭐ Matthias Blijleven • Google

„Das Essen erinnerte uns eher an das, was so der eine oder andere Survivalspezialist aus dem Fernsehen zu sich nimmt. Nordisch hin oder her, es sollte nicht vergessen werden, dass der Gast auch satt werden und dabei Freude und nicht Ekel empfinden sollte. Die ganze Ente, die uns verkohlt auf ihrem Nest liegend aus ihren leeren Augenhöhlen ansah, war einfach zu viel für unsere Tochter."

⭐⭐☆☆☆ Nicole H • Google

„Man muss sich auf das Konzept einlassen und bereit sein, für viel Geld relativ wenig zu essen."

⭐⭐⭐☆☆ kapi kolu • Google

„In Parfum sublimierte WC-Ente. Das ist einfach Meta. Reinste Philosophie. Das Ende als mitgedachter Anfang."

annunciataalmaut • Spiegel Forum

„Schmeckt nicht wie bei Mama."

⭐⭐⭐☆☆ kapi kolu • Google

„Sie importieren Eichhörnchen aus England, um sie in Dänemark zu servieren!"

⭐⭐☆☆☆ Nicole H • Google

(Das ist natürlich falsch. Laut Aussagen des Noma werden aus England KEINE Eichhörnchen, sondern ausschließlich Grauhörnchen importiert.)

Nr. I im Jahr 2017: Das „Eleven Madison Park" in New York, USA.

Der Schweizer Chefkoch David Humm kam in die USA, ohne ein Wort Englisch sprechen zu können. Jetzt ist er Chef von 500 Mitarbeitern, die sicherlich jeden Tag ihr Bestes geben!

„Meine Frau und ich sollten auf einer Bank nebeneinander platziert werden, mit Blick auf das äußerst karg eingerichtete Restaurant. Ein Kellner lief mit heraushängendem Hemd durchs Restaurant, das Essen wurde von allen möglichen Seiten serviert ... Nun gab es durch einen am Tisch angebrachten Fleischwolf gedrehte vorgekochte Karotten, die wir uns auf einem Holzbrett mit in diversen Schälchen gelieferten Gewürzen und Zutaten mischen sollten. Ab diesem Zeitpunkt hatten wir die geistige Zurechnungsfähigkeit der Michelintester absolut in Frage gestellt."

⭐☆☆☆☆ topgum666 • Tripadvisor

„Störend empfanden wir das damit verbundene Brimborium. So wird beispielsweise eine Schweinblase, in der Stücke von Knollensellerie gegart werden, an jedem Tisch vorgeführt und anschließend wieder in die Küche getragen."

⭐⭐⭐⭐☆ MartinS29 • Tripadvisor

„Am Ende bekommen alle Gäste eine Dose Müsli, so ist das Frühstück am nächsten Tag gesichert."

⭐⭐⭐⭐⭐ adwohnung • Tripadvisor

„Die Speisehalle erinnert erfolgreich an den Wartebereich eines Bahnhofs."

⭐⭐⭐☆☆ LorenzG933 • Tripadvisor

Nr. I im Jahr 2019: Das Mirazur in Menton, Frankreich.

Das Mirazur ist ein französisches Restaurant nahe der italienischen Grenze mit einem argentinischen Chefkoch und internationalem Publikum. Klar, dass nicht immer allen alles gefällt.

„Das Essen ist eine Reise für die Sinne, dazu die himmlische Lage, ein traumhafter Blick über meine geliebte Bucht, die ich seit 38 Jahren besuche."

★★★★★ senna55 • Tripadvisor

„Ja, ja, der Blick. Aber einen Blick kann man nicht essen. Wir haben noch in keinem europäischen Zweisternerestaurant so schlecht gegessen wie im Mirazur. Das Publikum: Reiche Yachtbesitzer, die hier abgekocht werden."

★★★★☆ Peter R • Tripadvisor

„Für eine Strandbude in Bordighera Chapeau, für diese Michelinauszeichnung: ein Ärgernis."

★★★★☆ Streghetti • Tripadvisor

„Der Kellner sagt erst, was auf dem Teller ist, wenn das Gericht vor einem steht. Nach dem Essen bekommt man eine Aufstellung der Speisen, die man gegessen hat. Für die Handtasche gibts einen extra Schemel neben dem Tisch."

★★★★★ Karin P • Tripadvisor

„Eine günstige Flasche Rosé 66 Euro und der Espresso sechs Euro. Aber man muss natürlich auch im Mirazur auf seine Kosten kommen."

★★★★☆ Genussfreund2017 • TA

„Ich soll Eintritt zahlen, um über eine Brücke zu gehen, die kaputt ist?"

★★☆☆☆ Patrick Potter • Google

Brücke von Avignon

Einem Reisenden im frühen Mittelalter muss im Angesicht dieses Bauwerks der Atem gestockt haben: Eine mächtige, fast einen Kilometer lange Brücke über einen manchmal reißenden Fluß war etwas Besonderes. Die damals längste Brücke Europas hielt bis ins Jahr 1660 durch, dann gab man sie wegen permanenter Hochwasserschäden endgültig auf. Die Macht der Elemente hat nur vier der ehemals 22 Brückenbögen zurückgelassen. Vielen reicht das, manchen aber auch nicht.

„Führt nirgends hin, sondern endet mitten im Fluss. Kostet Eintritt. Keiner tanzt. An einer hässlichen Straße."

⭐☆☆☆☆ Philipp Gröne • Google

„Wird total überschätzt, nur wegen des Kinderliedes, das zudem noch nicht einmal richtig überliefert ist. Es heißt richtig ‚sous le pont' also unter der Brücke, nicht ‚sur le pont' auf der Brücke. Unter der Brücke war nämlich richtig was los, nicht unbedingt jugendfrei."

⭐⭐⭐☆☆ Claus Lueer • Google

„Kennt man in Deutschland als Soda-Brücke – steht einfach nur so da."

⭐⭐☆☆☆ Maria Salvini • Google

„Für eine Brücke, die keine Brücke ist, ganz nett."

⭐⭐⭐☆☆ flyingteckel • Tripadvisor

„Die berühmte Brücke von Avignon. Ich wollte eigentlich drauf tanzen. Habe aber nicht eingesehen, für 5 Minuten Brücke Eintritt zu bezahlen."

⭐⭐⭐☆☆ Birgit Dautzenberg • Google

DAS IST DIE PERFEKTE WELLE

WASSER! WASSER! WASSER!

„Party Publikum
in sehr informeller
Kleidung."

★★★★☆ purist1234 • Tripadvisor

Der Bierkönig
(Das sagen die Engländer...)

Der „Bierkönig" ist eine der beliebtesten Lokalitäten am mallorquinischen „Ballermann". Die riesige Biergarten-Open-Air-Großraumdisco ist fest in deutscher Hand. Nur wenige „Ausländer" stolpern in den stickigen Vergnügungstempel. Falls doch, dann kommentieren allerdings (vor allem Engländer) die teutonischen Gelage nicht ganz ohne Respekt.

„Das Ziel der Deutschen ist es nicht, sich an einen schönen Abend zu erinnern, sondern sich an einen schönen Abend NICHT zu erinnern."
⭐⭐⭐⭐⭐ Phyllis Brotherton • Google

„Man kann T-Shirts kaufen, die versuchen, einen irgendwie daran zu erinnern, dass man überhaupt da war. Und es gibt T-Shirts, auf denen steht so viel wie „Geh weg, du bist kein Bier!"
⭐⭐⭐⭐⭐ Deborah Jarrel • Google

„Ein Muss für jeden Alkoholiker."
⭐⭐⭐⭐⭐ Carey van Eyck • Google

„Ein riesengroßer Schuppen, der sich als Biergarten verkleidet hat. Nicht ein Tropfen Guinness zu finden!"
⭐⭐⭐⭐⭐ Frederico Price • Google

„Ein Pflichtbesuch für alle, die den Deutschen auf Mallorca verstehen wollen."
⭐⭐⭐⭐⭐ Jay KR • Google

„Ich glaube nicht, dass der Spaß dort jemals aufhört."
⭐⭐⭐⭐⭐ Carey van Eyck • Google

„Massenklub für betrunkene deutsche Kinder."
⭐⭐⭐⭐⭐ Radek Pe • Google

„Gott sei Dank haben sie diese riesigen Plastikbierkrüge eingeführt, falls es zum Kampf kommt."

⭐⭐⭐⭐⭐ José Herández • Google

„Wir hatten keine Ahnung, das dieses hier ein ,deutscher' Stadtteil ist. Aber Mann, was für eine Stimmung ist das bitte? Jede Menge Leute, die Spaß haben, gutes Bier, vernünftiges deutsches Fastfood. Meistens gibt es Pop-Musik, definitiv nicht mein Ding, aber die ,Einheimischen' haben es genossen. Ein paar Nachteile - unheimlich betrunkene Leute, die überall umkippen. Ein paar Kämpfe hier und da."

⭐⭐⭐⭐⭐ travelbonkers44 • TA

„Der Besuch dieses Ortes katapultiert Sie in eine niemals endende deutsche Superparty."

⭐⭐⭐⭐⭐ Ryan Mayo • Tripadvisor

„Erwähnen Sie nicht die Weltmeisterschaft von 1966 und es wird Ihnen gut gehen."

⭐⭐⭐⭐⭐ 952mikeau • Google

„Beeindruckend. Dieser Ort ist einzigartig. Viele junge Deutsche singen und saufen. In zehn Tagen habe ich keine Probleme erlebt, nur sehr angenehme, freundliche Menschen."

⭐⭐⭐⭐⭐ Kevin K • Tripadvisor

„Eine deutsche Bar, die sich an deutsche Touristen richtet, aber WOW, was für eine verrückte fantastische Atmosphäre, was für ein brillanter Abend. Sogar die Musik beginnt nach einer Weile großartig zu klingen."

⭐⭐⭐⭐⭐ bugnerd2014 • Tripadvisor

... und das sagen die Deutschen

„Saufen halt."

★★★★★ Patrick Schirdewahn • Google

„Eben saufen."

★★★★★ Andreas Philipp • Google

„Saufen."

★★★★★ Raimund Riepen • Google

„Saufen!!!!"

★★★★★ Miduel Nowak • Google

„Saufen, Saufen, Saufen."

★★★★★ Hauke Becker • Google

„Saufen saufen saufen!"

★★★★★ Ernst Gemeint • Google

„Saufen!!!!!!!!!!"

★★★★★ Hauke Becker • Google

„Saufen!!"

★★★★★ William Fischer • Google

„Saufen saufen saufen."

★★★★★ Alisa Reising • Google

„Saufen, saufen, saufen."

★★★★★ Ernst Scheurer • Google

„Perfekt zum saufen &
auf den Boden reihern!"

★★★★★ Ernst Scheurer • Google

„WOCHENDE SAUFEN GEIL
WOCHENDE GEIL"

★★★★★ Maik W. • Google

„Saufffääääääääääään"

★★★★★ Falco Sontowksi • Google

„SAAAUFFÄÄÄÄÄÄÄÄÄÄÄN!
WACKÄÄÄÄÄÄÄÄÄÄÄÄÄÄN!!!"

★★★★★ Richard Spallek • Google

„Wo Saufen
eine Ehre
ist, kann
Kotzen keine
Schande sein."

★★★★★ Markus Brand • Google

„Sehr schön,
um Asiaten zu
beobachten"

★★★★☆ Klaus Utecht • Google

Die kleine Meerjungfrau

Das weltberühmte Wahrzeichen Kopenhagens hatte es nicht immer leicht. 1961 bemalt man sie mit einem Bikini, 1963 wird sie mit Farbe überschüttet, 1964 sägt man ihr den Kopf ab (was sie auf die Titelseite der New York Times bringt). 1984 fehlt dann ein Arm, 1998 wieder der Kopf, im Jahr 2003 sprengte man sie gleich ganz vom Sockel. Schon deshalb schauen jeden Tag Tausende Besucher „nach dem Rechten".

„Natürlich schwirren hier die Touristen um die Meerjungfrau wie Motten um das Licht. Also: Hin, Foto machen und schnell wieder weg, bevor man von Asiaten mit Mundschutz angesteckt wird!"
✰✰✰✰✰ Sightseeingprogramm • TA

„Was hier abgeht, ist nicht mehr normal. Vielleicht sollte man die Gute etwas mehr schützen und sie – wie einen Weidezaun – unter Strom setzen."
✰✰✰✰✰ Querfeldein_BA • Tripadvisor

„Ich wäre beinahe von einer Welle Touristen ins Meer gespült worden und wäre dann selbst zur Meerjungfrau geworden."
✰✰✰✰✰ Rowan Edwards • Google

„Schön, wirklich schön - Allerdings frage ich mich immer noch, wie sich Meerjungfrauen fortpflanzen?"
✰✰✰✰✰ Sera Wolf • Google

„Das ist ein Wahrzeichen? Wir waren sehr enttäuscht."
✰✰✰✰✰ Andrea Goebel • Google

„Hätte man sich auch sparen können, ist halt ein Klotz Bronze am Wasser."
✰✰✰✰✰ 151felixr • Tripadvisor

„Fünf Sterne! Aber nehmen Sie nur ein Handtuch mit. Für mehr ist ohnehin kein Platz!"

Lindelauf • Tripadvisor

Die 7 schönsten Strände der Welt
(und 7 Gründe, da mal hinzufahren und ein paar mehr, das lieber nicht zu tun)

Traumstrände befinden sich in einer verzwickten Situation. Entweder sie sind so schlecht erreichbar, dass sie kaum einer kennt. Oder sie sind so gut erreichbar, dass fast jeder sie kennt und sich die Urlauber im puderzuckerweißen Sand schon längst auf den Füßen stehen. Wo denn nun der allerschönste Strand der Welt liegt, darüber gibt es keine offizielle Rangliste, aber immerhin ein paar basisdemokratische Plebiszite. Tripadvisor kürt zum Beispiel jährlich die 25 schönsten Strände auf Grundlage ihrer User-Bewertungen – hier kommen die ersten sieben Plätze.

Nr 7. Spiaggia dei Conigli, Italien

Der Strand der Botaniker

„Dort sind tausende Touristen und nicht EINE Toilette. Denken Sie mal drüber nach! Jeder hat doch seine Bedürfnisse. Wenn man beobachtet, wie alle zehn Minuten jemand im Gebüsch verschwindet und so tut, als würde er aus rein botanischem Interesse die Inselvegetation begutachten. Ich kann von Spaziergängen nur dringend abraten."

⭐☆☆☆☆ Silje Kjær • Google

Nr. 6 Clearwater Beach, USA

Good clean fun!

„Aufgeräumt. Natürlich. Weiträumig. Sauber. Und der Zivilisation so nah. Alles was man braucht ist da. Und der ganze Müll der Mittelmeerstrände fehlt. Und keiner will Liegen vermieten, man lässt sich in Ruhe, ganz USA."

★★★★★ ChrisG2013 • Tripadvisor

„Völlig unerklärlich was diesen Strand unter die besten der Welt gespült hat. Wenn das der beste Strand der USA sein soll, ist Donald Trump der beste US-Präsident seit George Washington. Was nützt mir der feinste und weißeste Quarzsand, das rauschigste Rauschen der Wellen, wenn hinter einem die Musik so laut in Richtung Strand ballert, dass jeder Pelikan aus der Flugbahn geschossen wird. Dazu überall College-Studenten mit Bierhelmen, die im Borat Mankini ihre Fruchtbarkeitstänze aufführen. Furchtbar, man kann sich doch auch ganz normal besaufen!"

★★★★★ Claudi Friedmann • Google

5. Grace Bay Beach, Turks- und Caicosinseln

Achtung Fashion-Victims in Sicht!

„Die Inseln sind eine Sammlung von umzäunten Enklaven mit feinen Restaurants und einheitlich unfreundlichen Einheimischen."
✦✦✧✧✧ Undergardner • Tripadvisor

„Keine Ahnung, wer diesen Strand zu einem der schönsten des Planeten erklärt hat. Schmaler Sandstrand, passagenweise steinig, fast komplett mit Hotels und Villen zugebaut, laute Musik aus den Hotels und von Strandgästen, recht hohe Menschendichte und ein mickriges Mini-Korallenriff mit ein paar Fischchen."
✦✦✧✧✧ FlorianQuast • Tripadvisor

„Wenn Häuser, Menschen und Boote nicht wären, dann wäre es ein super Strand. Ich war schon an vielen tropischen Stränden, aber ich habe noch nie so viele Strandspaziergänger gesehen, die tatsächlich Socken und Schuhe tragen. Wirklich."
✦✦✦✦✦ _17bw • Tripadvisor

Nr. 4 La Concha Beach, Spanien

Körperkontakt nicht auszuschließen!

„Der wahrscheinlich schönste Stadtstrand Europas. Auf der Concha trifft man sich und auch wenn es abgedroschen klingt: Die ansehnliche Lage San Sebastians macht aus diesem Ort einfach ein Traumziel. Nach dem Baden ist vor dem Sonnenuntergang: Tausende stellen sich an die Promenade, um diesen Moment zu genießen. Nicht erklären lassen: Erleben."

⭐⭐⭐⭐⭐ Gerd P • Tripadvisor

„Die Hölle. Keine Möglichkeit, sich in diesem Teppich aus Menschenfleisch zu entspannen."

⭐⭐⭐⭐⭐ Ilmicino • Tripadvisor

„Ich habe 87 Minuten gebraucht, um einen Parkplatz zu finden."

⭐⭐⭐⭐⭐ MONTYLOPEZ • Tripadvisor

„Pro Person hat man ungefähr einen Quadratmeter Platz. Im Vergleich dazu ist die französische Riviera die reinste Wüste."

⭐⭐⭐⭐⭐ Teiva1972 • Tripadvisor

Nr. 3 Eagle Beach, Aruba

Nur gucken, nicht schwimmen!

„Eagle Beach wird zu Recht regelmäßig unter die Top 5 der schönsten Strände der Welt gewählt. Der Strand ist breit und der Sand fein. Das Meer bietet Farbenspiele in allen Blautönen und bleibt lange flach."

★★★★★ _JanoschsReisen_ • TA

„Der größte Teil wird von Jet-Skifahrern genutzt, die tagsüber pausenlos umherknattern."

★☆☆☆☆ Reisender42195 • Tripadvisor

„Schlechtester Strand aller Zeiten. Leider können wir die Euphorie für diesen Strand nicht teilen. Wir waren im Westen des Strandes und dort ist absolut kein Schwimmen möglich: Für Schwimmer ist ein abgestecktes Areal vorhanden, will man weiter raus, so riskiert man sein Leben. Aufgrund der Jetski Vermietung nebenan, sowie diverser Boote, welche die Küsten entlang donnern, ist der Strand eindeutig nicht zu empfehlen."

★☆☆☆☆ florianpfefferle • Tripadvisor

Nr. 2 Varadero Beach, Kuba

Sonnenöl trifft Erdöl.

„Unfassbar schön. So stellt man sich die Karibik vor. GLASKLARES Wasser und sauberer Strand zeichnen den Varadero Beach aus. Einfach ein Traum."
★★★★★ ES-1993 • Tripadvisor

„Traumstrand??? Optisch ist der Strand ein Traum, allerdings nur für Leute, die in einem der anliegenden Hotels untergebracht sind. Es gibt für andere Leute weder Getränke noch Liegen noch Schatten. Die Leute hatten sich zum Schattensuchen ins anliegende Gebüsch gelegt. Dieser Strand ist wirklich ein Witz"
★☆☆☆☆ Natalia N • Tripadvisor

„Es stinkt nach Öl und ist gnadenlos laut! Nachts zog, wie überall in Varadero City, ein ekelhafter durchdringender Geruch nach Öl von den vor der Küste liegenden Bohrstationen über die Stadt. Entgegen unserer Planung, drei Nächte zu bleiben, sind wir am nächsten Tag sofort abgehauen."
★☆☆☆☆ Petra N • Tripadvisor

Nr 1. Baia do Sancho, Brasilien

Wo ein Wille ist, da ist auch (k)ein Weg.

„Der beste Ort auf dem Planeten. Man kann gar nicht genug über diesen Strand sagen. Rochen, Haie, die Weite, kein Plastik … Man kann gar nicht aufhören zu schwärmen. In jeder Hinsicht magisch."

★★★★★ Myron D • Tripadvisor

„Kommt schon Leute, es ist nur ein winziger, eher gewöhnlich aussehender Strand!!! Um etwas zu Essen kaufen zu können oder um auf Toilette zu gehen, muss man die schlimmste Treppe der Welt wieder hochsteigen (dauert eine halbe Stunde). Unter der heißen, heißen Sonne muss man dann noch auf- und abwärts gehen, etwa 20 Minuten auf einem Holzweg durch den Dschungel, dann zwei Feuerwehrtreppen runter, die in die Felsen gemeißelt wurde, es ist dunkel, nass und es stinkt und es passt nur eine Person mit normalem Körperbau in die schmalen klaustrophobischen Tunnel."

★★☆☆☆ Natalia N • Tripadvisor

„Alles Mist"
★★★☆☆ Melissa Loewenthal • Google

Niagara vs. Rheinfall

Manche Orte sind wie Wasser: ziemlich geschmacklos. Was sich auf der amerikanischen Seite der Niagarafälle an touristischer Belustigung angesammelt hat, überrascht so manchen Besucher, der vielleicht ein wildromantisches Wasserspektakel erwartet hat. Stattdessen lauern Wachsmuseum, Schmetterlingsshow, Geisterhaus, Casino oder IMAX-Theater an der Biegung des Flusses. Ganz so schlimm ist es bei Europas größtem Wasserfall noch nicht, aber leise Kritik wird durchaus geübt.

Die Niagarafälle

„Die Niagarafälle sind angesichts der Wassermassen sehr eindrücklich. Allerdings: Steht man einfach da, hört und schaut, dann kramt das Gehirn in seinem Gedächtnis den Rheinfall hervor und meint, eine so weite Reise wäre vielleicht nicht unbedingt nötig gewesen."
⭐⭐⭐⭐⭐ Faber689 • Tripadvisor

„Für das Marketingkonzept kann die Natur leider nichts."
⭐⭐⭐⭐⭐ KristinaS849 • Tripadvisor

„Den Rummel muss man mögen. Auto parken, Brücke betreten – alles kostet Eintritt. Das Anschauen der Fälle von der Straße ist noch kostenlos, da haben die Amis noch keine Möglichkeit gefunden. Aber ich bin mir sicher, Sie arbeiten dran ..."
⭐⭐⭐⭐⭐ M. Loewenthal • Google

„Die Wasserfälle sind beeindruckend. Das Schlimmste sind die Touristenfluten."
⭐⭐⭐⭐⭐ Julian • Google

„Aber der Rheinfall ist mindestens so beeindruckend und entsprechend waren wir hier etwas enttäuscht. Niagara Falls zielt voll darauf ab, Touristen abzuzocken wo immer möglich."

⭐⭐⭐⭐⭐ tinkerbelle_reist • Tripadvisor

„Wir waren drei Tage vor Ort, an zwei Tagen davon hat sich jemand hier das Leben genommen. ‚Wenn man zu lange ins Wasser schaut, bekommt man den unbändigen Drang hineinzuspringen, heisst es."

⭐⭐⭐⭐⭐ reisewut_com • Tripadvisor

„Ich habe wegen meiner Brille kaum was gesehen, habe mir aber sagen lassen, dass es eine tolle Bootstour war."

⭐⭐⭐⭐⭐ agnusdie • Google

„Die Boote waren stopfvoll mit Touristen, so dass man sehr eng in der Menge stand und sicher war, nicht ins Wasser zu fallen."

⭐⭐⭐⭐⭐ EvaSK42 • Tripadvisor

Der Rheinfall

„Es besteht die Möglichkeit, mit einem Ausflugsboot für Unsummen von Schweizer Franken eine Rundfahrt in die Nähe zu machen. Auch ein Eis kann zu gutem Geld gekauft werden. Da erscheint einem die Parkgebühr von fünf Schweizer Franken für eine Stunde gar nicht so viel."

⭐⭐⭐⭐⭐ rconnyk856 • Tripadvisor

„Der Parkplatz hat Parkdauertickets, ist ja normal. Die Überfahrt gibts hin und rück ein Ticket. Drüben angekommen, braucht man ein Ticket zur Aussichtsplattform. Dann eins für den Fahrstuhl oder man geht die Treppen. Dort angekommen, braucht man ein Ticket für die Burgseite zum Wasser hin. Man ist nur am Tickets kaufen."

⭐⭐⭐⭐⭐ r316rainert • Tripadvisor

„Leider sind die an sich sehr schönen Toilettenanlagen schlecht gewartet, nach einer Busladung asiatischer

Touristen kann man sich nicht hineinwagen, da alles nass und voller Papier und sonstigem Müll ist. Es bräuchte eine permanente Bewachung und Anleitung, wie Toiletten zu benutzen sind."

★★★★☆ interessentin • Tripadvisor

„Dass es in der Schweiz teuer ist, das weiß man einfach. Aber dass man für einen Kaffee im Pappbecher fünf Euro bezahlt und für ein Schnitzel Wiener Art

sage und schreibe 28 Euro, grenzt ja schon an Größenwahn."

★★★★☆ manfredk866 • Tripadvisor

„Ergriffen steht man davor, lauscht dem Rauschen und alle Probleme und Sorgen des Alltags verlieren sich in der Ewigkeit."

★★★★★ S. von Rabenstein • Google

„Eine Kugel Eis 4,50 Euro. Currywurst 15 Euro."

★☆☆☆☆ Thomas Fischer • Tripadvisor

Der Rheinfall – der größte Wasserfall Europas? Die Top 3 sind ein schwieriger Fall: Der Sarpsfossen in Norwegen ist kleiner, führt aber mehr Wasser, der Dettifoss auf Island ist höher, führt aber weniger Wasser. Der Rheinfall ist überhaupt nicht hoch, es donnert aber jede Menge Wasser hinunter.

Tropical Island

Das Tropical Islands Resort ist der größte Indoor-Wasserpark der Welt, hat fast so viele Google-Rezensionen wie der Kölner Dom und liegt irgendwo im brandenburgischen Nirgendwo. Für die einen ist es eine Plastikpalmen-Touristenfalle, für die anderen ein Ort, an dem man vor allem eines haben kann: eine schöne Zeit.

„Aus dem vom Tropical Island ausgeliehenen Bademantel kroch eine Kakerlake hervor. Als wir in unser EUR 270 teures Zimmer gingen um uns vom Schock zu erholen, fanden wir eine Schabe, die aus der Matratze hervorkroch. Dieses Tier war 10 cm groß und hatte sehr lange Fühler."

⭐⭐⭐⭐⭐ 12jyoti • Tripadvisor

(Tropical Island versichert in einer Antwort auf diese Bewertung, dass es sich bei dem Tier nicht um eine Kakerlake sondern um eine harmlose ‚Gewächshausschabe' gehandelt haben muss. Wie beruhigend!)

„Natürlich gibt es Leute …, die dank Geld und Bildung sowie ihrer verfeinerten Ästhetikgene die letzten Naturvölker am Rio das Mortes belästigen und sich in perfektenm Altgriechisch über die Säulendynamik des Parthenon belehren lassen. Jedoch ist der Weltflurschaden, den die Besucher des Tropical Islands im platten Brandenburg anrichten, hinnehmbar. Während die weltweiten Tourismusschäden ausschwärmender Hedonisten unübersehbar sind."

Rainhard Raack • FAZ Leserforum

„Liebes Bildungsbürgertum! Erst wenn der letzte Karibikstrand vollgemüllt, das letzte Bergdorf durchwandert und die letzten Berggorillas aufgescheucht sind, werdet ihr feststellen, dass man Spaß auch hier haben kann!"

⭐⭐⭐⭐⭐ Simon Knoche • Google

Im Jahr 2013 war das Tropical Island die elftbeliebteste Sehenswürdigkeit in Deutschland - so eine Umfrage der Deutschen Zentrale für Tourismus. Die überdachten Tropen lagen damit noch vor Reichstag, Königssee oder Frauenkirche.

„Das Manneken Pis passt zur Stadt Brüssel – klein und nicht so schön wie erhofft."

★☆☆☆☆ Mathias Kuenne • Google

Das Manneken Pis

Standbilder von wasserlassenden Knaben sind seit dem 15. Jahrhundert bekannt und waren nie Grund für größere Aufregung oder Bewunderung. Das Manneken Pis mobilisiert jedoch die Massen, dabei pinkelt die Statue im Zentrum Brüssels nur pausenlos in Richtung seiner Bewunderer. Rund 2500 Liter Trinkwasser gingen dabei täglich drauf, erst seit dem Jahr 2019 uriniert er in einen geschlossenen Kreislauf!

„Schon erstaunlich, wie ein so kleines Männchen so viel Bekanntheit erlangen konnte, nur weil es sein Schnippelchen in der Hand hält."

★★★☆☆ Martin Schuck • Google

„Für Anhänger von Pipi-Kaka-Humor sicher eine Reise wert – sonst ziemlich lahm."

★★☆☆☆ Samuel K. • Google

„Hervorragend ... hier trifft man alle anderen Touristen auch ... nur falls man mal nicht weiß, wo sie sind."

★★★★★ lupegott • Google

„Warum zur Hölle sind so viele an pissenden Kindern interessiert? Die Statue ist weder besonders schön, noch irgendwie besonders imposant."

★☆☆☆☆ Raziel Nihilesta • Google

„Hatten eine schöne große Figur erwartet ... doch dann sah man nur eine kleine! Auch wenn es nicht ‚auf die Größe ankommt', erwartet man bei so viel Werbung schon was Größeres."

★☆☆☆☆ 395sabrinak • Tripadvisor

„Es ist so, dass es dort Hardcore Entspannung ist. Das kann auch nicht jeder. Dazu muss man sich schon zwingen."

Lexilexi • Holidaycheck

Die Malediven

Kann ein Urlaub auf den Malediven langweilig werden? Wann setzt die Langeweile ein? Was kann ich dagegen tun? In Foren und Bewertungen werden diese Fragen erstaunlich oft diskutiert. Offenbar ist manchen Urlaubern die Vorstellung, für ein paar Wochen auf einer Insel ausgesetzt zu werden, nicht ganz geheuer. Die möglichen Aktivitäten beschränken sich meist auf Tauchen, Schnorcheln und einfach Rumliegen. Auch die Möglichkeit, sich einmal vollumfänglich dem eigenen Partner widmen zu können, erscheint so manchem Urlauber eher eine bedrohliche Perspektive zu sein. Gerade mehrwöchige Aufenthalte an blitzblanken Traumstränden stehen in Verdacht, dass irgendwann die sorglose Urlaubsstimmung in einen ausgewachsenen Inselkoller umschlägt.

„Irgendwann geht die Ruhe auf den Wecker, man stellt sich irgendwann die Frage, was man den lieben langen Tag denn nun eigentlich machen soll. Wahrscheinlich findet genau deshalb ständig irgendein ‚Paradise-Sunset-Moonlight-Cocktail-Empfang' statt. Der hat es in sich, da die Malediver muslimisch sind und keinen Alkohol trinken dürfen, scheinen sie über die gängigen Mischungsverhältnisse völlig im Unklaren zu sein. Nach dem Cocktailempfang stellt man sich jedenfalls überhaupt gar keine Fragen mehr."

★★★★★ Pranktravel • Tripadvisor

„Wer nichts mit Schnorcheln. Tauchen und Co. am Hut hat, oder wem es nicht genügt, faul auf der Liege zu liegen ist hier fehl am Platz."

birste • Holidaycheck

„Und obwohl bekennende Strandurlauberin – zumindestens in der zweiten oder dritten Woche – habe auch ich noch nicht den Mut aufgebracht, die Malediven zu buchen. Ich stelle mir dann immer Horden von Tauchern vor, die sich abends aus ihren Gummianzügen schälen und sich gegenseitig die Fische beschreiben, die sie gesehen haben. Und ich renne um die Insel, kriege den Koller, habe in Windeseile meine Urlaubslektüre verschlungen, der Gesprächsstoff mit meiner besseren Hälfte geht mir aus, die Aussicht aus unserem Wasserbungalow langweilt mich zu Tode."

gisel • Holidaycheck

„Das Schlimmste, was einem passieren kann: Dauerregen, inklusive stürmischer Wind. Hatte ich 2 Tage lang, war nur zum Essen draußen. Mal spaßeshalber im Regen baden gehen ging nicht, da der Wind doch recht kühl war, hinterher hätte man sich noch ne Erkältung eingefangen. Außerdem musste man aufpassen, dass keine Kokosnuss einem auf den Kopf fällt."

Woody_ • Holidaycheck

„Ich habe täglich geschnorchelt, aber nach 3 Wochen kennt man auch alle Ecken mit seinen dort vertretenen Fischarten."

bph • Holidaycheck

„Im Jumeirah Resorts gibt es eine Eisbahn. EINE EISBAHN! Das ist kein Witz, das ist keine Übung, das ist ernst gemeint. Wie groß muss die Angst der Betreiber vor touristischer Langeweile sein, dass man so etwas an den Strand stellt. AN DEN STRAND!"

★★☆☆☆ Blenda Soederberg • Google

„Und bewegen will man sich ja auch ... also, Inselumrundung war angesagt. Hier hatte ich die Auswahl rechtsherum oder doch ausnahmsweise mal auf der linken Seite beginnend. Nun, die ganze Wanderung dauerte ca. 15 Minuten."

Blues • Holidaycheck

„Es gibt nichts Schlimmeres als Regen auf den Malediven. Man ist dort einfach dem Wetter ausgesetzt und wenn es regnet, kann man nur auf seinem Zimmer verweilen, was die Stimmung ganz schön trübt"

mfg1 • Holidaycheck

„Jetzt mal ohne Quatsch, da wohnt doch die Langeweile, oder nicht? Kenne selbst Leute, die 3 Wochen auf so einer Insel waren und froh waren, wieder zu Hause zu sein."

cabeza_cuadrada • Spiegel Forum

„Alptraum Malediven. Wer mal für viel Geld an den Arsch der Welt und sich in einer winzigen und kitschigen Wohlstandsutopie zu Tode öden will ... lets go Maldives."

couprevers • Spiegel Forum

Ein Regenschauer kann eine willkommene Abwechslung in das eintönige Malediven-Klima bringen! Von Juni bis Februar unterscheiden sich die Maximaltemperaturen nur in den Nachkommastellen (30,1 bis 30,9 Grad). Im März machen sie dann einen Satz um glatte 0,5 Grad (!), bevor sich drei Monate später die Situation beruhigt und sich alles wieder zwischen 30,1 und 30,9 einpendelt.

„Für meinen Geschmack zu salzig."

★★★★★ Isaac Measel • Google

Das Tote Meer

Nur Fliegen ist schöner: Wenn Menschen im Wasser zu schweben scheinen, dann liegen sie höchstwahrscheinlich im Toten Meer. Sein Salzgehalt liegt bei rund 30 Prozent – rund dem zehnfachen von durchschnittlichem Nudelwasser. Bei aller Faszination für die physikalische Peepshow – verschlucken sollte man das Wasser auf gar keinen Fall, da es lebensgefährliche Lungenverletzungen zur Folge haben kann.

„Im Toten Meer gibt es keine Narwale, keine Fische, kein Leben, nichts. Nur jede Menge Leute, die Schlamm auf ihre Körper schmieren und diesen danach mit super salzigem Wasser wieder abwaschen, dass es nur so brennt. Oh ja, und wie das brennt."

★★☆☆☆ Glenn G • Tripadvisor

„Leute kommen aus der ganzen Welt, um zu erfahren, wie es sich in einer Fritteuse anfühlt, das Wasser ist heiß, salzig und fettig."

★☆☆☆☆ Menachem L • Google

„Das Schöne am Toten Meer ist, dass es Dich von dem Wunsch heilt, Dein Zuhause jemals zu verlassen."

★☆☆☆☆ Isaac Measel • Google

„Auf der jordanischen Seite ist es schöner, sauberer und nicht so abgenutzt ist. Es hat auch weniger Russen ;-)) Das Wasser selber ist natürlich das Gleiche."

★★★☆☆ Hugi76 • Tripadvisor

„Dünen und Heide-
landschaft sind nach
deutscher Manier durch
Stacheldraht abgesperrt."

★★★★☆ HelmutR716 • Tripadvisor

SYLT

Die Frage ist nicht, ob Sylt irgendwann im Meer verschwindet, sondern wann. Würde man nicht jedes Jahr Millionen von Kubikmetern Sand an die Küsten kippen — das lange Eiland wäre längst Geschichte. Bis zum absehbaren Untergang schwanken Stimmungslage und Meinungen über die Insel.

„Nach Sylt fährt die Oberschicht, um sich mal behandeln zu lassen, als wären sie die Unterschicht".

✰✰✰✰✰ Das. Ummilein • Google

„Dummheit schützt vor Reichtum nicht."

✰✰✰✰✰ Clara Wittgenstein • Google

„Wenn man die Wahl hat zwischen Austern und Champagner, so pflegt man sich in der Regel für beides zu entscheiden. Gilt auch in Sylt."

✰✰✰✰✰ Theresa Samtleben • Google

„Sylt bedeutet auch Reizklima, was auch heißt, dass man gereizt sein kann."

✰✰✰✰✰ utek1707 • Tripadvisor

„Die Insel ... gehört einfach nur von den Möwen zugeschissen."

✰✰✰✰✰ Patrick Raquet • Google

„Die Natur, wunderbar. Die Möchtegern-Reichen die einem bei Gosch vor die Füße fallen, armselig!"

✰✰✰✰✰ Chefkoch9 • Google

„Schöne Insel, aber das Publikum ist zum Kotzen! Bitte nicht vergessen noch einen Drecksaufkleber für den neuen VW Golf zu kaufen, damit auch zukünftig jeder im Verkehr weiß, dass man auf Sylt war bzw. zur ‚Elite' gehört."

✰✰✰✰✰ Elkos Floralis • Google

„Menschen können teilweise nicht mal mit Messer und Gabel essen"

Clio1 Holidaycheck • Forum

Auf Kreuzfahrt

Für die einen sind sie schwimmfähige Plattenbauten mit Zwangsbespaßung, die verträumten Fischerorten ganze Kleinstadtbevölkerungen an büffettgesättigten Urlaubern vor die Füße kippen, die dann nur gucken, schlendern, knipsen, nichts kaufen und sich schneller wieder an Bord verzogen haben als der Schiffsdieselgeruch aus dem Hafen. Für die anderen sind Kreuzfahrtschiffe einfach ein schöner Ort zum Urlaub machen.

„Die Kabinen mit Stockbetten sind für Senioren völlig ungeeignet. Meine 83 jährige Frau die kleine Leiter nach oben zu schicken ist eine Zumutung. Ich, 74 Jahre alt, hatte große Mühe aus dem unteren Bett hoch zukommen. Das war kein Urlaub sondern blanker Horror."

Klaus W. • schiffsbewertungen.de
über die „MS Sofia"

„Auf dem Schiff, insbesondere direkt in der TUI Bar, herrscht eine Atmosphäre wie auf einem Flüchtlingsschiff im Mittelmeer ...

Wieso bekommt man im Champagnertreff bei mindestens 10 EUR pro Getränk noch nicht einmal eine Serviette unters Glas?"

DL • Tripadvisor Forum
über „Mein Schiff 3"

„Für uns war es eine ungewohnte neue Erfahrung, daß sich zwei Hunde auf dem Schiff befanden, sogenannte Servicehunde. Wir fragen uns, wo die Gesellen ihre Geschäfte hinterlassen konnten an 7 Seetagen hintereinander ohne Hecke oder Baum."

★★★☆☆ Horst • Holidaycheck
über die „Azamara Quest"

„Wer nicht mindestens 70 Jahre alt ist, sollte die Finger von dieser Kreuzfahrt lassen. Das ganze Schiff ist voll mit älteren, teils sehr gebrechlichen, gehbehinderten und kranken Mitreisenden."

viermaedelhaus • Tripadvisor Forum über eine „Phoenix Südseekreuzfahrt"

„Auf dem Balkon hatten wir eine Jacuzzi-Badewanne. Diese war aber in einer „falschen" Ecke installiert: wenn man drin saß, konnten alle Passagiere auf 5 Decken das Prozedere bewundern."

Sorjana • Tripadvisor Forum über die „MSC Seaside"

„Ich habe noch nie in meinem Leben so wenige schlanke Menschen gesehen wie auf dieser Kreuzfahrt. Sie schaufeln alles in sich rein, ganze Berge von Essen. Einige waren auch dabei, die sich auf Grund Ihrer Leibesfülle nicht mehr selber bewegen wollten und sich mit Elektrowägen fortbewegten."

dkiter • Holidaycheck Forum über die „Carnival Glory"

„Auf unserer Luminosa Tour nach Grönland 2010 war der gefühlte Altersschnitt um die 100. Der Vorteil war, ab 21 Uhr war auf dem Schiff, außer vielleicht Disko, absolut tote Hose, was herrlich war."

cjmddorf • Holidaycheck Forum über die „Costa Luminosa"

„Hier zeigt sich aber ein grundsätzliches Problem bei der Alterspyramide. Manche Passagiere kamen einfach nicht mehr mit (z. B. Akropolis). Eine erstaunlich hohe Anzahl schiffte sich oft gar nicht aus und bedüddelte sich am Essen und Trinken."

Lufti2013 • Tripadvisor Forum über die „Costa Luminosa"

„Und das war das erste Traumschiff? Einen vollen Seetag auf diesem Schiff hält man kaum aus. Da wartet man dann nur von einem Essen aufs andere. Klientel überwiegend 70+"

Kreuzf. 4940 • schiffsbewertungen.de über die MS Berlin (Das ehemalige „Traumschiff")

„Ein einziger Rosthaufen, den nur mehr die Farbe zusammen hält. Wir sind froh wieder zu hause zu sein und dass wir alles heil, trotz zum Teil nicht funkionerender Klimaanlage, Klospülung usw. überstanden haben."

G. Lidauer • schiffsbewertungen.de über die MS Berlin (Das ehemalige „Traumschiff")

„Weshalb setzt man bei Kreuzfahrtschiffen nicht auf Atomreaktoren? Das diese Antriebe zuverläßig und sicher funktionieren, weisen sowohl hunderte Kriegsschiffe also auch Eisbrecher rund um die Uhr nach."

KölnerEinwohner • Spiegel Forum über die „MS Roald Amundsen" (fährt „nachhaltig" streckenweise mit Elektromotor)

„Was das schlimmste war, der Platz des Rettungsbootes war leer, es gab lediglich ein Beiboot auf dem maximal 8 Personen plus Bootsführer Platz fanden. Es waren aber während der Kreuzfahrt 23 Personen an Board."

wuestenfreak • Tripadvisor Forum über die „Princess of Galapgos"

„Wie wäre es, wenn man im Schiff 5000 Räder installiert und die Gäste radeln dann auf Teufel komm raus, damit das Schiff in den Fjord fahren kann. Trommler geben dabei den Takt vor (wie auf den Galeeren früher)."

krautrockfreak • Spiegel Forum über die „MS Roald Amundsen" (fährt „nachhaltig" streckenweise mit Elektromotor)

WHAT A WONDERFUL WORLD

Von der Arktis bis Afrika:
Wunderbares und Wunderliches
aus aller Welt.

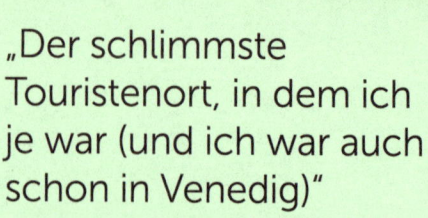

„Der schlimmste Touristenort, in dem ich je war (und ich war auch schon in Venedig)"

⭐⭐⭐⭐⭐ Flo F • Tripadvisor

Die Maya-Pyramiden in Yucatan

Auf der mexikanischen Halbinsel Yucatán stolperten Forscher im Laufe der Jahrhunderte immer wieder über imposante Maya-Bauten. Die Tempelpyramide des Kukulkan ist die wohl am besten erhaltene aus einer ganzen Reihe von Kultstätten. Bestiegen werden darf die Pyramide nicht mehr – doch am Fuße der Bauten ist glücklicherweise genügend los.

„Wenn arme Mexicaner an ihren Ständen Souvenirs verkaufen wollen, ist auch dieses verständlich. Zumal einige sehr schöne Exemplare dabei waren."

★★★★★ thorstenf821 • Tripadvisor

„Ein Stand verkaufte Alien vs. Predator-Figuren aus Plastik."

★☆☆☆☆ Flo F • Tripadvisor

„Es stehen konstant ca. 100 dicke Amitouristen in Superman-T-Shirts und mit Selfiestick davor, mal allein, mal in Rudeln, und man hat keine Chance, gute Fotos zu machen. Manchmal hüpfen irgendwelche als Mayas verkleidete Mexikaner rum."

★☆☆☆☆ Flo F • Tripadvisor

„Für 2012 den Weltuntergang vorhersagen und im Jahr 2018 handgeschnitzte Mayakalender ‚Made in China' verkaufen. Genau mein Humor."

★★★★☆ BrittaltalySmile • Tripadvisor

„Alles fürchtet sich vor der Zeit, aber die Zeit fürchtet sich vor den Pyramiden!"

★★★★☆ Magnus Damgaard • TA

„Wer auf Löcher steht, sollte zum Golfplatz gehen."

★★☆☆☆ HauMalAb2000 • Tripadvisor

Loch Ness

Ist es geniales Marketing oder doch ein geniales Monster, das seinen Jägern seit Jahrhunderten entflieht? Man kann nur hoffen, dass niemals eine Antwort gefunden wird. Wäre das Rätsel um Nessi gelöst, eine ganze Region würde die touristische Anziehungskraft verlieren, wie der Louvre ohne Mona Lisa.

„Es ist halt ein großer dunkler See, zieht man den Mythos ab. Nicht zu viel erwarten, sich über die Bootsfahrt freuen und etwas entspannen. Nessie lauert dann in den zahllosen Giftshops rund um den See …"

✩✩✩✩✩ Biofeinschmecker • TA

„Gott hat auch noch niemand gesehen, aber das Geschäft mit ihm läuft ganz hervorragend."

kieckbusch • Spiegel Forum

„Die eigentlichen Monster vom Loch Ness sind die Midges-Mücken."

✩✩✩✩✩ Lord Gunter S • Tripadvisor

„Mit dem Monster von Loch Ness verhält es sich wie mit GUTEM englischem Essen. Angeblich existiert es, gesehen hat es aber noch niemand!"

✩✩✩✩✩ Tomine Strande • Google

„Es ist nämlich überhaupt nicht einzusehen, weshalb sich ein Ungeheuer mit Selbstachtung in dieser dusseligen Umgebung aufhalten sollte. Auf Bali in einem gemütlichen Swimmingpool direkt neben dem Hotel und Rundumversorgung mit allerlei tropischen Früchten sähe die Sache doch ganz anders aus."

albert schulz • Spiegel Forum

„Einfach nur affig"

★★☆☆☆ spamfine • Tripadvisor

Im Wald der heiligen Affen

Im Sacred Monkey Forest auf Bali treffen monatlich 10 000 Besucher auf 700 balinesische Langschwanzaffen. Der besondere Zauber des Waldes liegt dabei nicht in den frechen Tieren, sondern in den Tempelanlagen, die den dschungelartigen Ort zu einer wichtigen religiösen Stätte machen. Basierend auf dem Konzept des „Tri Hita Karana" (Die drei Quellen des Glücks) wollen die Betreiber „ein Gefühl von Frieden und Harmonie vermitteln" – was nicht immer so ganz gelingt.

„Aggressive, angefütterte Affen, die alles klauen, was nicht niet- und nagelfest ist, total verblödete Touristen, die meinen, es handele sich um einen Streichelzoo, dann aber entsetzt sind, wenn sie gebissen wurden."
✿✿✿✿✿ Sanne S • Tripadvisor

„Love it. Mega süß, macht Spaß durchzulaufen und diese niedlichen Wesen zu beobachten."
✿✿✿✿✿ carinamusi • Tripadvisor

„Waren nach 5 Minuten im Park erstmal bei der Erste-Hilfe-Station, um die Bisse versorgen zu lassen. Trotzdem ein Erlebnis!"
✿✿✿✿✿ skyisthelimit15 • Tripadvisor

„Die Affen sind zum Teil sehr zutraulich und klettern an einem hoch. Total süß"
✿✿✿✿✿ Mariamaria121 • Tripadvisor

„Sehr kann ich Ubud Health Care empfehlen: Dort war ich, nachdem sich die Wunde natürlich durch den Dreck im Affenmaul trotz

Reinigung entzündet hat, 6 Tage in Folge zur Wundreinigung. Tetanus und Tollwut spritzen inklusive."

ANNA • Indojunkie.com

„Affen kann man in Indonesien an jedem Straßenrand sehen. Ich gehe in Deutschland auch nicht ins Parkhaus, um Autos zu beobachten."

⭐☆☆☆☆ Sara Kleist • Google

„Die echten ‚Affen' sind hier aber die Menschen. Sie legen sich Bananen auf Schulter und Kopf, damit die Affen auf sie klettern, um ein tolles Foto zu schießen. Wir haben uns fremdgeschämt!"

⭐⭐☆☆☆ spamfine • Tripadvisor

„Ansonsten ist es sehr grün und in der Mitte des Waldes gibt es noch einen gro-

ßen Tempel (bitte beachten, dass es Frauen in der Menstruationszeit grundsätzlich verboten ist, einen Tempel zu betreten) zu besichtigen."

⭐⭐⭐⭐⭐ bloodflowers01 • Tripadvisor

„Die Affen stehen unter Dauerstress und sind gefährlich, permanent werden Touristen blutig gebissen und Tollwut ist auf Bali weiterhin eine hohe Gefahr. Nicht ohne Tollwutimpfung, eine nachträgliche Prophylaxe kostet ca 2500-3000 Euro in den lokalen Ordinationen."

⭐⭐☆☆☆ skyisthelimit15 • Tripadvisor

„Es sollten immer mehr Menschen als Affen am Ort sein, sonst werden die Affen übermütig. Ich empfehle dringend, alle Wertgegenstände, Sonnenbrillen etc. vorab gut zu verpacken. Auch Reißverschlüsse sind für die Schlawiner kein Problem. ;)"

⭐⭐⭐⭐☆ Yashletics • Tripadvisor

„Wir sind nur vorbei gelau-
fen und wurden von 3 Affen
angefallen und gebissen.
Die Parkaufsicht hat weder
eingegriffen noch danach
Verständnis gezeigt. Im
Erste-Hilfe-Raum wurde die
Wunde provisorisch verarz-
tet und dies als ‚alltäglich'
abgestempelt."

⭐☆☆☆☆ Noelle Lauser • Google

„Es dauerte 2,5 Stunden von
Kuta, um dorthin zu gelangen. Super Stau."

⭐☆☆☆☆ maggietang • Google

„Eine Frau am Eingang
drohte, den Affen mit einem
Regenschirm zu schlagen,
weil der Affe sich auf mich
stürzen wollte."

⭐☆☆☆☆ Brianne Burnett • Google

„Tollwut- und Affenfans kommen hier voll auf ihre Kosten!"

⭐⭐⭐⭐☆ Myriam Thomas • Google

Ich denke, also bin ich auf dem Selfie! Affe (links im Bild) und Mensch
in (meist) friedlicher Koexistenz.

„Zum Glück konnten wir die kyrillischen Verbotsschilder nicht lesen."

★★★★★ oloid23 • Tripadvisor

Das Busludscha Monument

Ein Mekka für Lost-Places-Fans: das „bulgarische Ufo". Für den futuristischen Bombastbau auf dem Gipfel des Busludscha Berges schufteten jahrelang mehr als 6000 Arbeiter, um der Kommunistischen Partei Bulgariens ein Denkmal zu setzen. Außen wirkt es mit brutalistischer Architektur, innen mit Marmor und riesigen Mosaikfresken. Heutzutage ist der Ort dem Verfall bestimmt und es gibt keine Möglichkeit mehr, in den bewachten Geisterbau zu gelangen. Fast keine.

„Ein Wachposten achtet strikt darauf, dass keine ‚alternativen' Eingänge genutzt werden."
★☆☆☆☆ • 24008 Tripadvisor

„Ich hatte Angst, reinzuklettern ... Das Loch ist zu schmal für große oder gut gepolsterte Leute."
★★★★☆ VicMesser • Tripadvisor

„Das Reinkommen wurde leider ziemlich erschwert – die Türen sind ja immer noch mit Metallstäben verschlossen und das Loch an der Seite wurde mit Gitterstäben verschweißt."
Flo • Paradise-Found.de

„Wären wir Außerirdische, die völlig ohne Kenntnis der Personen und Zusammenhänge auf die Erde kämen und sich umschauen würden: Was würde uns befremdlicher erscheinen? Das ‚bulgarische Ufo' - oder das Mount Rushmore National Memorial? Zur Erinnerung: Da sind die Köpfe von vier US-Präsidenten 18 Meter hoch in den Fels geschlagen worden."
Erwin Lottemann • Spiegel Forum

„Den Besucher erwarten drei mehr oder weniger stinkende Erdlöcher."

★★★★☆ Bart S. • Google

Der Große Geysir

Ursprünglich hieß der „Große Geysir" nur „Geysir". Da das dampfende Wasserloch jedoch Namensgeber für alle anderen dampfenden Löcher auf der Welt wurde, verpasste man ihm den Zusatz „Großer", der für Unterscheidbarkeit sorgte. Mit anderen Geysiren hat er eines gemeinsam: Er ist recht launisch. Mal bricht er aus, mal herrscht jahrelang Sendepause. In Bestform schafft er Fontänenhöhen von 120 Metern!

„Das Wasser war unangenehm heiß und hat nicht besonders gut geschmeckt."
⭐☆☆☆☆ Lennyverse • Google

„Man wartet mit einer Herde an Selfie-Touristen ca. 5 Minuten, bis der Geysir eine 5 m hohe Fontäne ausstößt und das war's dann auch schon."
⭐⭐⭐⭐⭐ Pyro Fan • Google

„Okay, in Island gewesen zu sein, ohne Geysir gesehen zu haben, geht wohl nicht. Wobei hinzuzufügen ist, dass der Geysir, den wir heute sehen, nicht Geysir ist. Der eigentliche Namensgeber, ehemals um die 70 Meter hoch, liegt nur wenige Meter oberhalb, und zwar still. Verstopft durch die Münzen der Touristen."
⭐⭐⭐☆☆ AnnaCSch • Tripadvisor

„Der Geysir ‚Großer Geysir' heißt ‚Großer Geysir', weil der Geysir, als er nur „Geysir' hieß, sich namentlich nicht von anderen Geysiren unterscheiden würde, die sich nun auch Geysir nannten. Deshalb nannte man den Geysir ‚Geysir' in ‚Großen Geysir' um. Alles klar? ;-)"
⭐⭐⭐⭐☆ TinTinny • Tripadvisor

„Es riecht weit und breit nach Pferdescheiße."

⭐☆☆☆☆ Thomas Belgardt • Google

Schloss Neuschwanstein

Das Schloss König Ludwigs II. hat fast alles, was eine Mittelalterburg haben muss: hohe Mauern, viele Türme, noch mehr Türmchen und eine grandiose Bergkulisse. Nur ein Thron fehlt bis heute – dieser wurde zwar in Auftrag gegeben, der „Märchenkönig" verstarb aber vor Fertigstellung. Insgesamt verbrachte er nur 172 Tage in dem weltberühmten Schloss.

„Das Schloss ist absolut sehenswert und zeigt deutlich, dass Ludwig II gar nicht so verrückt, sondern nur seiner Zeit voraus war."

★★★★☆ Ingo Polczynski • Google

„Einen entspannten, geistreichen, spannenden, aufregenden, lustigen Urlaubstag kann man mit dem Schloss Neuschwanstein am besten haben, wenn man kurz vor Sichtweite des Schlosses umkehrt, einen beliebigen Biergarten aufsucht und hier in sicherer Entfernung zu dieser Kitschkatastrophe den Rest des Tages verbringt."

Inselbegabung • Spiegel Forum

„Interessante Beobachtung: Die Touristenmasse in Neuschwanstein teilt sich in zwei Gruppen. Die erste: jede Menge Japaner. Die zweite: Jede Menge Deutsche, die erwartbar große Mengen an Japanern bestaunten. Teilweise fotografierten die Deutschen nicht das Schloss, sondern die Japaner, die das Schloss fotografierten. Ich habe dann die Deutschen fotografiert, die die Japanaer fotografiert haben, die das Schloss fotografieren. Hat vielleicht jemand ein Foto von mir gemacht?"

★★★★☆ LeonFischer1000 • Google

„Also wenn ihr mich fragt – der Typ ist Fake!"

★★★★★ Kai Hoffmann • Google

Santa Claus Post Office

Besonders in der Weihnachtszeit gibt es immer wieder Medienberichte, in denen behauptet wird, dass der Weihnachtsmann im lappländischen Rovaniemi ein offizielles Büro betreiben würde. Das sind natürlich alles Märchen. Das Büro des Weihnachtsmanns liegt in Wirklichkeit fünf Kilometer weiter östlich in Napapiiri. Die Adresse lautet: Tähtikuja 1, FI-96930 Napapiiri, E-Mail:joulupukinpaaposti@posti.fi

„Ich habe eine Elfe explizit darum gebeten, dass Santa meinen Sohn mit Namen anspricht, damit mein Sohn weiß, dass es der echte Weihnachtsmann ist. Santa ist überhaupt nicht auf die Bitte eingegangen und hat ‚Frohe Weihnachten' gesagt."
⭐⭐☆☆☆ GrandTour60303 • TA

„Der Rentier-Kebap war sehr lecker."
⭐⭐⭐⭐⭐ Jens Sch • Google

„Das einzige Highlight, der aufgezeichnete Polarkreis, ist aber mittlerweile aufgrund der Verschiebung der Ekliptik schon 160 Meter weiter, insofern ein riesiger Beschiss."
⭐⭐☆☆☆ nik8134 • Tripadvisor

„Das ist ein ganz schlimmer Touristenabzockort. Nur ein wahrer Widerstandskämpfer kann diesen Ort verlassen, ohne einen Cent ausgegeben zu haben! Der Besuch kann zur Abschreckung empfohlen werden."
⭐⭐☆☆☆ Samson Walther • Google

„Ich glaube mit 70 wieder an den Nikolaus."
⭐⭐⭐⭐☆ K. H. Goldenberg • Google

„Liebenswerte und freundliche Elfen."
⭐⭐⭐⭐⭐ Ville Isokoski • Facebook

„Die Massai-Männer
hüpfen für
kleine Münze"

Tietjen • Spiegel Forum

Unterwegs in der Serengeti

Das Wort „Serengeti" bedeutet so viel wie „endlose Ebene". Tatsächlich ist die Serengeti zum größten Teil eine ziemlich weite und ziemlich baumlose Savanne – und trotzdem Sehnsuchtsort von Touristen aus der ganzen Welt. Die jährliche Wanderung von Millionen Gnus, Gazellen und Zebras hat den Landstrich bei Touristen genauso berühmt gemacht wie die „Big Five" – der Hochadel der afrikanischen Fauna: Löwe, Elefant, Nashorn, Büffel und Leopard. Nicht zu vergessen: das stolze und geheimnisvolle Volk der Massai, von denen rund 800 000 in Tansania leben.

„Bei Dorfbesuchen schnappen sich die Massai-Männer dann ihre Speere und hüpfen für kleine Münze mit Luftsprüngen wie irre durch die Gegend. Man stelle sich mal einen Tansanier vor, der in der Münchner U-Bahn einem Anzugträger fünf Euro in die Hand drückt und ihn bittet, einen Schuhplattler hinzulegen."

Tietjen • Spiegel Forum

„Das krasseste Safarierlebnis aller Zeiten. Damit kann Südafrika leider nicht mithalten. Wenn man irgendwann keine Lust mehr hat, noch nen Löwen zu fotografieren (es sei, denn er jongliert mit den Zebras), dann weiß man, dass man wirklich mehr als genug Tiere gesehen hat. :-)"

⭐⭐⭐⭐⭐ Alexander Grossert • Google

... im Auto

Jährlich besuchen rund 90 000 Touristen die Serengeti. Zum Vergleich: Der Luftkurort Nesselwang im Allgäu kommt auf eine ähnlich hohe Zahl an Touristen, ist aber flächenmäßig ungefähr 500-mal kleiner als die Serengeti. Schon deshalb macht ein Auto in Nesselwang, aber insbesondere in der Serengeti wirklich Sinn.

„Zu viele Autos. Um einen Leoparden auf einem Baum standen mehr als 30 Allradwagen!"

⭐☆☆☆☆ Patrick B • Google

„Schreckliche Straßen und Preise. Im Park zahlt man 375 Dollar für 2 Personen und ein Auto. Der teuerste Zoo der Welt."

⭐☆☆☆☆ Mark Williams • Tripadvisor

„Am Naabi Hill kann man mit jeder Faser seines Körpers die Weite, Wildnis und Unberührtheit der Serengeti genießen. Toller Souvenirshop!"

⭐⭐⭐⭐⭐ Andy Bartlow • Google

„Die Touristen fahren auf den Wellblechpisten, die so hubbelig sind, dass sie gezwungen sind schnell zu fahren und nicht einmal die Landschaft genießen können. Am Schlimmsten ist es, dass sie die Tierwelt in Gefahr bringen, weil jeder wie ein Idiot über die Hauptstraßen des Parks brettert, weil es sonst unerträglich holprig wäre."

⭐☆☆☆☆ B • Google

(Es gibt zwei Geschwindigkeiten, die das Fahren über eine Wellblechpiste erträglich machen: Schrittgeschwindigkeit und alles über 80 Stundenkilometer – beim Letzteren ‚fliegt' man über die kleinen Wellen regelrecht hinüber.)

... im Ballon

Eine Ballonfahrt in den Sonnenaufgang der Serengeti gilt noch immer als das Highlight jeder Safari. Recht ambitioniert sind die Tarife. Mit rund 600 Euro pro Person ist man dabei – für eine Stunde. Die anschließend gereichten Kaltgetränke werden daher auch eher routiniert zur Kenntnis genommen.

„Danach gab es den üblichen Champagner."
★★★★★ UlrichD579 • Tripadvisor

„Der Pilot flog so niedrig, dass wir eigentlich auch gleich im Van hätten bleiben können."
★★☆☆☆ ciskexport • Tripadvisor

„Für das Wenige, was wir gesehen haben, waren 3000 Dollar irgendwie zu viel."
★★★☆☆ 737PeterK • Tripadvisor

„Unser kanadischer Kapitän war sehr lustig und kompetent. Die Flughöhe variierte ständig."
★★★★★ Sonja R • Google

„Das letzte Drittel flogen wir nur über verbranntes Grasland. Bei der Landung trafen wir einen Termitenhügel."
★★★☆☆ MPMellum • Tripadvisor

„Die Koffer werden, wie in Tansania üblich, zum Zelt getragen", kommentiert ein Reisender. Alles andere wäre ja auch eine Zumutung.

... im Camp

Sollen die Massentouristen doch in den Lodges vegetieren. Wer zu Hause etwas zu erzählen haben will, der macht eine „Tented Safari". Je nachdem, wo die großen Tierherden gerade durch die Grassteppe schlendern, werden mitten in der Wildnis Wohnzelte aufgestellt. Dass der Reisende in diesen Zivilisationsaußenposten nur ein gewisses Maß an Zivilisation erwarten darf, sollte dabei klar sein. Eigentlich.

„Bei der Begrüßung fehlte der von mir geliebte Portwein; der Manager Dido war peinlich berührt; am nächsten Abend wurde mir mit einem strahlenden Lächeln ein Glas Portwein kredenzt."

★★★★★ Wolfgang S • Tripadvisor

„Es gab nur Hähnchen ‚a la carte'. An beiden Abenden! Mangosaft zum Frühstück war verwässert!!"

★☆☆☆☆ dan k • Tripadvisor

„Man muss einfach vom bekannten Standard Abstand nehmen und noch mal daran denken, dass man mitten in der Serengeti ist. Das Essen war absolut lecker, wir haben extra den Koch kommen lassen, um ihm das mal persönlich zu sagen."

★★★☆☆ 159Susi • Tripadvisor

„Sehr einfache Zelte, aber mit eigenem WC, Dusche."

★★★★☆ Amarula2013 • Tripadvisor

„Bei Tageslicht schauten auch noch Giraffen, ein Hase und andere Tiere vorbei. Das war sehr aufregend. Geschlafen habe ich kaum."

★★★★☆ Mimi • Tripadvisor

„Die Inneneinrichtung war unangenehm in Stil und Proportionen und unpassend für den Raum. Ich hätte gerne mein eigenes und das Essenszelt neu dekoriert, das wäre gar nicht so schwer gewesen. Ich wünschte mir so sehr, ich hätte die Inneneinrichtung des Camps redesignen können."

★★★☆☆ lifesabeach1982 • TA

„Das Personal ist sehr freundlich und sehr bemüht, aber es passieren auch Fehler. Statt eines bestellten Soda erhielten wir eine Zitronenlimo. Personell setzt man also wohl auch auf Aushilfskräfte. Aber man ist in Afrika und ein bisschen Abenteuerfeeling kommt hier schon auf."

★★★☆☆ Jörg • Holidaycheck

... in der Lodge

„Manche Deutsche stürmten abends ins Lodge Restaurant wie Lettow-Vorbeck in die Offiziersmesse. Und so sprachen die dann auch. Und abends quietschen die angeschickerten Damen vor Vergnügen, wenn eine Hyäne über den Hof huschte, hegen aber hierzulande jagdliche Mordgelüste, wenn sich ein Wolf mal auf drei Kilometer einer KiTa nähert."

ReiseNerd • Spiegel Forum

... im (Nilpferd) Pool

Jedes Jahr sterben in Afrika mehr Menschen durch Nilpferde als durch Löwen. Dass sich Mensch und Hippo nicht wirklich gut riechen können, zeigt sich auch am „Serengeti Hippo Pool". Hier tummeln sich zuverlässig Dutzende Nilpferde – mit überraschend starken Geruchsemissionen. Praktisch: Gleich nebenan steht eine der wenigen in der Serengeti anzutreffenden Toiletten. Neben der Nilpferdverdauung sorgt auch diese Örtlichkeit für Diskussionen.

„Flusspferde sind ekelhaft! Ich meine, sie sind ganz interessant, weil sie so groß sind, aber irgendwie auch langweilig, weil sie schlichtweg nichts tun. Es war irgendwie cool, so viele an einem Ort zu sehen. Aber ihr Gestank ist überwältigend! Sie kacken und wedeln ununterbrochen mit dem Schwanz umher, um sich sauber zu machen, was bedeutet, dass sie ständig alles auf ihre Kollegen neben ihnen schmeißen."

⭐☆☆☆☆ jenniferc476 • Tripadvisor

„So natürlich, wie das alles sein mag. Ganz persönlich

finde ich den Anblick all dieser zusammengequetschten Nilpferde, die mit ihren Schwänzen ihre Kacke propellermäßig verteilen, einen magenaufwühlenden Anblick. Interessant ja, aber nicht meins."

★★☆☆☆ ChristianBoix • Tripadvisor

„Wenn Sie einen großen Teich voller fetter Hippos sehen wollen, die in Hippokacke pennen, dann ist es den Besuch wert."

★★★☆☆ J K • Tripadvisor

„All diese Flusspferde in einem stinkenden, mit Scheiße gefüllten Pool zu sehen, war ekelhaft! Und der Gestank war einfach zu stark. Ich werde diesen Geruch nie vergessen. Aber die Krokos waren interessant und dafür gebe ich 3 Sterne!"

★★★☆☆ fruitbowl_25 • Tripadvisor

„Ich liebte es, die Flusspferde und ihre Interaktion untereinander zu beobachten. Der Picknickplatz und die Toiletten benötigen aber ein Upgrade."

★☆☆☆☆ kathyharris06 • Tripadvisor

„Wir hielten hier an, um die Toiletten zu benutzen – aber die Herrentoilette war schmutzig - der Nilpferdteich war amüsant – wir sahen ein Krokodil."

★★★☆☆ harlemfamily • Tripadvisor

„Eine Warnung: Der Picknickplatz ist großartig, aber die Waschräume waren in einem schrecklichen Zustand – ohne Wasser und somit auch ohne Wasser für die WCs."

★★★☆☆ oloishorua • Tripadvisor

„Ich hatte sowieso seit zwei Tagen Toiletten-Chaostage von verdorbenem Essen. Bei dem beißenden Gestank bekam ich sofort wieder Druck auf der Hinterachse. Warnung: Die Toilette vor Ort ist nicht viel sauberer als die von den Nilpferden – mir wars egal."

★★☆☆☆ Andy Bartlow • Google

„WC Anlage sehr sauber."

★★★★★ bruno_zahnd • Tripadvisor

„Die Exponate in der Burg bestehen zum Teil aus Gummi."

★★☆☆☆ tlautner • Tripadvisor

Das „Dracula"-Schloss

Bram Stokers Geschichte über Graf Dracula löste in Westeuropa einen wahren Vampirhype aus. Als in den Sechzigerjahren die ersten Vampirtouristen durch Rumänien irrten, wusste man dort jedoch von nichts: Weder von dem irren Grafen noch von irgendeiner Burg, auf dem dieser angeblich seinen Vampirgeschäften nachging. Mit der Öffnung des Schlosses Bran für die Öffentlichkeit wurde diesem Umstand eine zweifelhafte (aber viel besuchte) Abhilfe geschaffen.

„Gegen die heutigen Blutsauger im Schloss war Dracula der reinste Veganer! Alles reine Abzocke. Das Schloss hat NULLKOMMANIX mit Graf Dracula zu tun. Die Einheimischen wissen das, die Touristen wissen das, die Souvenirhändler wissen das. Alle wissen das. Und allen ist es egal. Mir ja auch."

★★☆☆☆ Daniela Fischer • Google

„Die neuen Besitzer sehen es als Bereicherungsmöglichkeit und Lager für alte Möbel."

★★★☆☆ Chris L • Tripadvisor

„Die Leute sind meistens so verbissen in die Dracula-Story, dass sie bis zum Schluss eine Geisterbahn erwarten wie im Europapark."

★★★☆☆ Tissi0813 • Tripadvisor

„Die Fahrt dahin war eine Katastrophe, es ist nicht nachvollziehbar, wie in der Hauptsaison 20 Kilometer Baustelle eröffnet werden. Straßenarbeiter liegen teilweise im Graben und schlafen."

★★★★★ Christian Ellebracht • Google

Die Livraria Lello

Der Titel der „schönsten Buchhandlung Europas" ist kein offizieller, wird der Livraria Lello in Porto aber immer wieder zugesprochen – spätestens seit der Sache mit Harry Potter. So sollen die gewundenen Treppen J. K. Rowling zu den beweglichen Treppen in Hogwarts Zauberschule inspiriert haben. Immerhin lebte die Autorin drei Jahre in Porto und besuchte dabei immer wieder den Büchertempel.

„Wer Bücher liebt, sollte diese Laden nicht betreten! Leider sind die Besucher ausschließlich Touristen, welche in dem Laden nur Selfies und Fotos machen wollen. Oder so tun, als ob sie auf der Treppe ‚lesen' würden, aber leider nur für ein Foto posieren. Schade. Der Laden hat wirklich Charme und sieht toll aus, jedoch ist die Auswahl an Büchern sehr klein und meiner Meinung nach dienen diese mehr als Dekoration."

⭐⭐☆☆☆ Ilyas H • Google

„Besucher werden wie eine Herde Rinder durch die überfüllten Räume getrieben."

⭐☆☆☆☆ Gary Siemund • Google

„Voller Hipster, die unbedingt ihre Instagram Story aufbessern müssen."

⭐⭐☆☆☆ Brunhilde Müller • Google

„Maßlos überschätzt. Die Buchhandlung ist genauso dunkel und gammelig wie alles andere in Porto. Das tolle Dach war total dreckig – ewig nicht geputzt– und einige Scheiben waren sogar kaputt. Die Treppe ist total abgeranzt und es bleibt nur ihre ungewöhnliche Form."

★☆☆☆☆ grone 2015 • Tripadvisor

„Zugegeben, rein optisch ganz nett anzusehen, aber worum geht's hier eigentlich? Der tiefere Sinn ist mir verschlossen geblieben, aber ich gebe zu, ich habe mich auch nicht allzu stark darum bemüht, das herauszufinden. War da nicht was mit Harry Potter?? Ah ja, genau! J.K. Rowling ist mal an diesem Teil vorbeigelaufen (oder sie hat jemanden gekannt, der daran vorbeigelatscht ist?) und nur darum wird so ein Aufstand gemacht?"

★★☆☆☆ Giovanni M • Tripadvisor

„Gut, die Buchhandlung ist schöner als die Stadtbibliothek Wanne-Eickel-West, aber Eintritt zu bezahlen, um Bücher kaufen zu können, das ist ein Ritt auf der Rasierklinge zwischen WTF und fantastischem Marketing."

★★☆☆☆ fredmagnus • Tripadvisor

Eine Buchhandlung, die Eintritt kostet? In deutschen Fußgängerzonen undenkbar, in Porto möglich. Wer in die Livraria Lello will, zahlt drei Euro!

„Tolle Bauwerke!
Ein Muss für alle
Lego-Fans!"

★★★★★ K. Maierhofer • Google

Die Pyramiden von Gizeh

Von den sieben Weltwundern der Antike sind die Pyramiden das mit Abstand meistbesuchte – allerdings auch das einzige, das noch steht. Um die Errichtung der Bauwerke kursieren seit Jahrhunderten die wildesten Theorien. Vor allem, wie man die tonnenschweren Steinquader auf die Wüstenbauten hochwuchtete, ist bei Pyramidenexperten noch immer umstritten. Doch auch andere Umstände geben Anlass zu heißen Diskussionen.

„Ziehen Sie ein T-Shirt an, auf dem steht: Kein Kamel, Pferd oder Kutschfahrt!"
★★☆☆☆ Matthias Schütte • Google

„Keine Klimaanlage, unmögliche Öffnungszeiten, keine Gastronomie und keine Toilette im Innenbereich. Auch kein WLAN. Das Gebäude fällt auseinander und scheint aus einem anderen Jahrhundert zu sein!"
★★☆☆☆ Super Tof • Google

„Man darf nur die Königskammer besichtigen. Dann wurden wir noch vorzeitig rausgeschmissen wegen angeblicher Mittagspause … die es aber nicht gibt. Dafür durfte eine Gruppe Chinesen in die Untere Kammer …"
★☆☆☆☆ M. Drengenberg • Google

„Rolltreppen oder Aufzüge sucht man vergeblich."
★★☆☆☆ Pepe • Google

„Überbewertet! Sogar mein Kamel fands langweilig."
★★★☆☆ BrettBerg • Tripadvisor

„Ich fand das Ding irgendwie Asche."

★☆☆☆☆ SHINYSHINY • Tripadvisor

Der Vesuv

Normalerweise geht von Vulkanen auf dem europäischen Festland keinerlei Gefahr mehr aus. Die meisten Krater lassen sich geruhsam von der örtlichen Vegetation bewachsen und sind ansonsten verhaltensunauffällig. Auch der imposante Vesuv ist ruhig, besitzt grundsätzlich aber noch die Fähigkeit auszubrechen, von der er im Jahr 1944 zum letzten Mal Gebrauch machte.

„Eine dreckige Müllhalde, Parkchaos, nach einem gefühlt endlosen Fußweg ein fades Schotterloch und das für 10 Euro pro Person Eintritt."

★☆☆☆☆ Christoph Lach • Google

„Ich finde es sehr interessant, dass bei den Phlegräischen Feldern immer von einem Supervulkan gesprochen wird. Keiner der bisherigen Ausbrüche (auch nicht die genannten ‚gigantischen' Eruptionen vor 39 000 und 15 000 Jahren) hatte diese Größe. Das ist etwa so, wie Pierre-Michel Lasogga einen deutschen Nationalspieler zu nennen, weil er einmal bei der deutschen N11 auf der Bank saß, aber nicht eingewechselt wurde."

kloppononstoppo • Spiegel Forum

„Einfach toll! Wer hätte gedacht, dass ich mal 10 Euro bezahle, nur um einen Berg hochzulaufen."

★★★★★ travellicious_j82 • Tripadvisor

„Es ist ganz nett, mit einer Kolonne weiterer Besucher den langen Weg bis zu dem erloschenen Vulkan hinaufzusteigen, um oben in einen Krater zu sehen, der nichts außer ein erloschener Krater ist."

★★★☆☆ At Munich • Google

„Eine absolute Frechheit, für drei Säulen Eintritt zu verlangen."

⭐⭐⭐⭐⭐ Axel Pfeifer • Google

Der Zeus-Tempel

Zugegeben, allzu viel steht nicht mehr von dem ehemals über 60 Meter langen Prachtbau aus weißem Marmor. Der fast 2500 Jahre alte Zeus-Tempel im damaligen olympischen Heiligtum teilt damit das Schicksal heutiger Spielstätten der Olympischen Spiele: Er ist zur Ruine geworden. Grund war ein Erdbeben, das nicht nur den Tempel, sondern auch seinen berühmtesten Insassen zerbröckelte – die Zeus-Statue, eines der sieben Weltwunder der Antike.

„Er war eigentlich mega cool und auch recht spannend ... Aber auch langweilig, weil das einfach alles dort nur Stein ist ..."

★★★★☆ markenbreak • tv Google

„Großer alter Steinhaufen mit historischem Hintergrund".

★★★★☆ AlexH0704 • Tripadvisor

„Viele alte Steine, sonst nicht viel zu sehen für sechs Euro!"

★★★☆☆ Lexi Bardo • Google

„Riesige Säulen. Die Anlage ist nicht zu groß, die Säulen sind aber riesig! Man fragt sich nur: wie?! Wie haben sie es geschafft?! Man fühlt sich klitzeklein und unbedeutend ..."

★★★★★ MariDeMar • Tripadvisor

„Es gibt verdammt viele Steine in der Ausgrabungsstätte zu sehen."

★★★★☆ W Ichmoppel • Google

„Besonders gefallen haben uns die Schildkröten, die dort leben. Wenn man ein bisschen danach sucht und nicht nur einmal schnell um die Säulen marschiert, findet man sicher mehrere."

★★★☆☆ Leilanja • Tripadvisor

Der Taj-Mahal

Der magische Sonnenaufgang, die filigrane Architektur, die symmetrischen Formen, der glänzende Marmor: Millionen von Touristen sind sich sicher: Der Taj-Mahal (ja, es heißt DER) ist das schönste Gebäude der Welt. Rund 20 000 Handwerker werkelten an dem Mausoleum, 1000 Elefanten schleppten Baumaterial heran. Der Prachtbau entstand in einer – für deutsche Verhältnisse – Rekordzeit von nur rund 13 Jahren.

„Das Taj Mahal muss man unbedingt gesehen haben."

★★★★★ bettina2016 • Tripadvisor

„Man kann das Bauwerk nicht sehen, so dicht ist der Nebel."

★★★☆☆ ehrn1969 • Tripadvisor

Der touristische „Viehtrieb" vor dem Taj-Mahal kann schon etwas störend sein, während es ...

„Das Taj Mahal ist
ein architektonischer
Scheinriese. Je näher man
ihm kommt, desto
weniger schön wird es."

J.K. Petersen • Facebook

„Zugang nur barfuß oder
mit Überzieher!"

★★★☆☆ Krake44 • Tripadvisor

„Am Nachmittag ist der Boden sehr heiß. Ohne Schuhe
für viele ein Problem. Also
immer schön die schwarzen
Steine meiden ,-)) Der Gang
durch die Krypta unter dem
Taj Mahal ist teilweise nach-
mittags nicht so angenehm,
da sich im Laufe des Tages
durch die vielen Besucher
eine ganze Menge Kon-
denswasser an den Wänden
angesammelt hat. Die Luft
ist dann zeitweise zum
Schneiden."

★★★★★ Peter L • Tripadvisor

„Warum heißt es wie ein Lieferservice?"

★★★★☆ Reisebraut • Tripadvisor

... dahinter deutlich entspannter zugeht.

„Einfach großartig!
Eine Katze habe
ich auch gesehen!"

★★★★★ Rebekka Frey • Google

Das Orakel von Delphi

Für alle, die gerne in ihrer Fantasie reisen, ist Delphi ein lohnenswertes Reiseziel. Die größten Teile des Heiligtums sind nicht mehr sichtbar, nur einige Restbauwerke beflügeln die Vorstellungen der Besucher von der wichtigsten Kultstätte der hellenischen Welt. In der Antike ließ man sich hier von einer Priesterin die Zukunft vorhersagen, deren fantasievollen Prophezeiungen höchste Beachtung fanden.

„Natürlich muss man das gesehen haben. Hier wurde mit den bekannten Orakelsprüchen Reichtum angehäuft. Ein bemerkenswertes Geschäftsmodell aus uralter Zeit."

⭐⭐⭐⭐☆ O_JEK_O • Tripadvisor

„Nichts zu sehen. Da sind nur ein paar Steine und kleine Ruinen. Es ist schwer vorstellbar, wie es hier mal ausgesehen hat."

⭐☆☆☆☆ FMoz • Tripadvisor

„Delphi besteht aus unglaublich vielen Steinen. Sie sehen eigentlich auch alle gleich aus, aber ich würde noch mal hinfahren."

⭐⭐⭐☆☆ atti27 • Tripadvisor

„Erkenne Dich selbst! Oder wie Heraklit es sagte: ‚Allen Menschen ist zuteil, sich selbst zu erkennen und verständig zu denken.' Hab ich gemacht. Handy gezückt, Selfie gemacht, mich selbst erkannt, bei Insta reingestellt. Fertich. War früher ohne Handys natürlich schwieriger."

⭐⭐⭐⭐⭐ tschatschabings • Tripadvisor

„Es erinnerte mich teilweise an den Abzug der Russen aus Berlin."

★☆☆☆☆ 997regina • Tripadvisor

Auf Spitzbergen

Das nördlichste Postamt, das nördlichste Hotel, die nördlichste Fußgängerzone der Welt. „Nördlichste" ist in Spitzbergen ein beliebtes Adjektiv. Die Anreise geht noch ganz komfortabel über den – das ist ja klar – nördlichsten Linienflughafen der Welt. Ab dann kann es aber ungemütlich werden. Wer das eisige, gebirgige und rauhe Eiland erkunden will, wird auch heutzutage nicht von Reise-, sondern von Expeditionsleitern begleitet. Auch wenn das für manche Besucher scheinbar überraschend kommt.

„Hätten wir gewusst wie mühsam, unbequem und schmerzhaft für unsere Gelenke die Wanderung ausfällt, hätten wir das nicht gemacht! Es ging sprichwörtlich über Stock und Stein, wobei die Steine eindeutig in der Überzahl waren. Außer, dass es über ein großes Moränenfeld ging, (wobei man beim Tritt auf die Steinplatten nie sicher war, ob die Platte kippt und man sich den Fuß verdreht), ging die Route steil bergan."

★★☆☆☆ lisamT663LQ • Tripadvisor

„Wir hatten mit mehr Pinguinen gerechnet."

★★★☆☆ Jana Wohlleben • Google

„Unser Führer war freundlich und hätte uns wahrscheinlich interessante Informationen geben können, wenn man ihn dafür ausgebildet hätte – was er offensichtlich nicht war. Er hatte noch nie im Leben einen Eisbären gesehen, was sogar mir bereits am zweiten Tag auf der Insel gelang."

★★★☆☆ thomashunger • Tripadvisor

„Als wir mal vom Schiff versuchten, Eisbären zu erspähen, stand jeder huschende Schatten unter akutem Eisbärenverdacht. Am Ende war die glotzende Masse so beleidigt, als hätte man einer Gruppe Paris-Touristen den Eiffelturm kurz vorm Besuch abgeschraubt. Die einzigen Bären, die ich gesehen hatte, waren Gummibärchen in der Tüte!"

NordReise • Spiegel Forum

Die Brauerei

Die nördlichste Brauerei der Welt steht in ... Spitzbergen!

„Es lohnt sich ohne Ende, diese Brauerei zu besichtigen. Im Übrigen hat das Bier richtig Wumm und ist extrem lecker."

⭐⭐⭐⭐⭐ Frank Gooßen • Tripadvisor

„Erstaunlich, dass auf einer Insel mit latent suchtgefährdeten Bewohnern eine Brauerei steht. Auf jeden Fall die beste Brauerei der Arktis – und wohl auch die einzigste, auf jeden Fall die nördlichste. Bei der tollen

Verkostung fehlte Knabberkram, es gab aber Rentier-Hotdogs – soweit ich das noch erinnere ..."

⭐⭐⭐⭐⭐ AnniBämmi • Tripadvisor

Die Kirche

Die nördlichste Kirche der Welt steht in ... Spitzbergen!

„Kaffee, Tee und Kekse sind gratis."

⭐⭐⭐⭐⭐ PavelS1 • Tripadvisor

„Ideal zum Aufwärmen."

⭐⭐⭐⭐☆ Ela L • Tripadvisor

„Dort sollte man im Winter bei Nacht nicht hingehen, denn vor vielen Jahren wurden dort zwei Frauen vom Eisbären gefressen. Der Bär wurde geschossen und nun steht er ausgestopft in der Kirche."

⭐⭐⭐⭐⭐ ZurichFlyer • Tripadvisor

„Es ist wohl die einzige Kirche mit einem eigenem Waffenschrank. Tipp: Die Kollekte kann mit Kreditkarte bezahlt werden."

⭐⭐⭐⭐⭐ carscarscars20. • Tripadvisor

Die Pyramiden

Die nördlichste Leninstatue der Welt steht in … Spitzbergen!
Als die Russen im Jahr 1998 die Bergbausiedlung „Pyra-
miden" verließen, schafften sie noch einen Superlativ: Die
nördlichste Geisterstadt der Welt!

„Eine einzige Dreck- und Müllhalde, die die Russen 1998 verließen. Die Häuser teilweise ausgeplündert und zerstört, in den Fensterhöhlen nisten Vögel. Was sich eine Reederei hierbei denkt, Kreuzfahrer auszusetzen, entzieht sich meiner Logik und Kenntnis. Es war entsetzlich und erinnerte mich teilweise an den Abzug der Russen aus Berlin."

★★★★★ 997regina • Tripadvisor

„Im alten Tower des Helilandeplatzes lagen noch aufgeschlagene Akten und ein Aschenbecher mit ein paar Kippenstummeln, so als sei der wachhabende Offizier nur mal kurz auf Klo. Auch das alte leere Schwimmbad hatte etwas herrlich Morbides. Ein unvergessenes Erlebnis für mich."

Rhonda Fizzleflint • Spiegel Forum

Das passt ihm scheinbar alles gar nicht. Mit grimmigem Gesichtsausdruck blickt Spitzbergens bekanntester Dauergast noch immer über das Eiland: Wladimir Iljitsch Lenin.

„Die Mauer muss weg!"

⭐☆☆☆☆ Leon Obermaier • Google

Die Große Mauer

Das größte Bauwerk der Menschheitsgeschichte wird immer länger. Ging man bei früheren Schätzungen noch von einer Länge von rund 8000 Kilometern aus, hat man mittlerweile alle Kurven, Biegungen oder Steigungen, die die Mauer so macht, berücksichtigt. Aktueller Wert: 21 196,18 Kilometer, was ungefähr der Distanz zwischen Hamburg und den Galapagosinseln entspricht – und wieder zurück!

„Worauf man da herumläuft, ist nicht aus der Ming-Dynastie. In China gibt es einfach keinen Begriff von ‚Original' und „,vorsichtig erhalten', die Mauer ist fast überall schon lange zu einem Steinhaufen zusammengesackt und ein paar Stückchen hier und da wurden für die Touristen einfach neu gebaut."

holtor • Spiegel Forum

90% Treppen, 10% Mauer.

★★★★☆ William3Kelly4USA • TA

„Beeindruckend, aber totaler Fake. Die Unterseite ist kompletter Fake. Nicht ein einziger Stein ist original und es sieht so neu aus, dass man kein Architektur-Experte sein muss um zu erkennen, dass es eine totale Replik ist."

★☆☆☆☆ Guggo • Tripadvisor

„Ich habe eine ganze Stunde damit verbracht, die Mauer zu finden, nur um festzustellen, dass ich die ganze Zeit darauf gestanden habe."

★☆☆☆☆ aaron_poptart • Tripadvisor

„Um uns herum wird gerufen, geschubst, gerülpst, geschrien, vor- und herumgedrängelt."

Anita Kaufmann • milchblau.de

„Vor allem schön anzusehen, wo der Sonnenkönig so gekotet hat."

★★★★★ David Fritzsche • Google

Das Schloss Versailles

Das Schloss aller Schlösser! Gegen Versailles verblassen Neuschwanstein & Co zu bedauernswerten Behausungen. Für seinen berühmtesten Bewohner, Ludwig XIV., war das Barockbauwerk aber keinesfalls reines Privatplaisir. Um seinen aufmüpfigen Hochadel besser kontrollieren zu können, quartierte er ihn einfach bei sich ein und sedierte den feierwütigen Adel mit allerhand opulenten Festivitäten in dem heutzutage bekanntesten Schloss der Welt.

„Frust-Schloss. Ich würde Liberté oder Kaffee trinken gehen, als mich von den Crowds durchs Schloss schieben zu lassen."

★☆☆☆☆ Jasmin Doberauer • Google

„Die Warteschlange gehört ins Guinness Buch der Rekorde. Und zwar der schlecht organisierten."

★★☆☆☆ gestrandet • Tripadvisor

„Das Gedränge ist wirklich schlimmer als zur Stoßzeit in der Metro!! Man kann während dem ganzen Rundgang kaum atmen und will nur noch raus … in den völlig ungepflegten und ausgetrockneten Garten."

★☆☆☆☆ HeleneZ48 • Tripadvisor

„Selbst im Mai findet man hier statt Blumenrabatten nur kahle Beete, die an abgeerntete Kartoffeläcker erinnern."

★☆☆☆☆ Desdemona 007 • TA

„Wow … Springbrunnen, die Wasser in die Luft spritzen, ohne irgendwie mit der Musik zu spielen, bekommst du kostenlos in jedem Park."

★☆☆☆☆ Tobias Weßnick • Google

„Die Zebra-Bolognese war ne Wucht!"

★★☆☆☆ Frank Ford • Google

Wilsonfontein

Jagdurlaube bucht man nicht unbedingt im Reisebüro um die Ecke, schon gar nicht, wenn man vorhat, auf Tiere zu schießen, die der Normalsterbliche nur aus Dokus über die afrikanische Tierwelt kennt. Die Anbieter kommen meist auf Jagdmessen oder über persönlichen Kontakt aus der Deckung. Die Nachfrage nach derartigen Reisen steigt seit Jahren und in Südafrika oder Namibia dienen sich zahlreiche Jagdfarmen dem Waidmann an – auch die Wilsonfontein.

„Gebucht habe ich jetzt erst mal Oryx, Bergzebra, Springbock, Kudu und Keiler. Was mir dann noch so über den Weg läuft, werde ich ja dann vor Ort sehen und mich spontan entscheiden ..."

blutiger anfänger • Wild &Hund Forum

„Faire saubere Jagd zu Fuß (keine Autoschießerei, wie es andere ... oft praktizieren) und Aussicht auf Top-Trophäen in freier Wildbahn bei bester Unterkunft und Verpflegung."

anonym • Wild &Hund Forum

„Die Zebra-Bolognese war ne Wucht!"

★★☆☆☆ Frank Ford • Google

„1880 Euro für eine Giraffe ist ein Schnapper, einen Strauß für 380 Euro, Bergzebra (!) für 700 und einen Bergpavian gibts für fuffzich (wer's mag). Angeschweißtes und nicht gefundenes Wild gilt als Abschuss, was aber bei den Preisen mehr als fair ist. So muss Urlaub sein."

★★★★★ Christopher Lang • Google

„Dschingis Khan?
Olli Kahn! Ist größer,
aus Titan und nicht
aus billigem Edelstahl!"
★★★★☆ Linda Schlüter • Google

Das Dschingis-Khan-Denkmal

Dem größten Reiter aller Zeiten spendierte der mongolische Staat ein 30 Meter hohes Denkmal, das momentan die größte Reiterstatue der Welt ist. An seinen Eroberungen bis nach Persien konnte sich Dschingis Khan jedoch nicht lange erfreuen. Der Anführer einer riesigen Reiterarmee starb im Jahr 1227 – peinlicherweise an den Verletzungen eines Reitunfalls.

„Man kann mit einem Aufzug im ‚Hinterteil' hinauffahren und am Hals des Pferdes an die frische Luft gelangen."
⭐⭐⭐⭐☆ frauen-union • Tripadvisor

„Kitsch at its best."
⭐⭐⭐☆☆ guidos906 • Tripadvisor

„Ich hoffe, dass Trump nie etwas von diesem Denkmal erfährt – sonst wird er so eins auch von sich haben wollen!"
S. Marguerita Washington • Facebook

„Es ist eine Seltenheit, dass man auf dem Kopf eines Pferdes ganz nach oben kriechen und auf eine Terrasse im Hals des Pferdes gehen kann, um den riesigen Reiter zu betrachten."
⭐⭐⭐⭐⭐ Peter Sorensen • Google

„Etwa 1 Stunde von Ulan Bator entfernt liegt dieses interessante Denkmal. Der Weg dorthin führt über eine nicht gerade gute Straße und es ist eine Herausforderung für die Bandscheiben."
⭐⭐⭐⭐⭐ pilot2308 • Tripadvisor

„Das ganze Drumherum bröckelt schneller als das Weltreich der Mongolen. Teilweise fehlen ganze Stufen."
⭐⭐⭐⭐⭐ Friederieke Roth • Google

Das Auenland

Tolkien-Fans wissen: Das Auenland, Mordor und Gondor liegen in Neuseeland. Die Außenaufnahmen der Filmtrilogie „Herr der Ringe" wurden ausschließlich auf dem Inselstaat gedreht. Ehrensache, dass man die Originalschauplätze für die Fans erhält. Für einen kleinen Obolus können sich Mittelerde-Freunde original Hobbit-Höhlen anschauen und sogar die beliebte Hobbit-Bierschänke besuchen.

„Man durfte nur MAXIMAL 20 Minuten im Green Dragon bleiben!! Vermutlich die einzige Kneipe, aus der noch nie ein Besoffener rausgekrochen ist. Weder Mensch noch Hobbit."

★★★☆☆ Olivia Kleber • Google

„Das mit Wasser gestreckte Freigetränk muss man regelrecht runterkippen, sonst fährt der Bus ohne einen zurück."

★★★☆☆ MarkusM2530 • Tripadvisor

„Neuseeland ist kein Ort für Billigurlaube, verstanden und OK! Aber wenn schon, dann könnte man vielleicht auch mal den ein oder anderen Angestellten in ein Hobbit oder Gandalfkostüm stecken und durch den Park wandern lassen."

★★★☆☆ Fraggel_und_Muppet • TA

„Während der Tour muss man allerdings ständig darauf warten, dass alle ihre Fotos geknipst haben. Zwischenzeitlich kann man sich das Gelaber von dem aufgedrehten Guide anhören, der offensichtlich vor jeder Tour ein paar Züge aus Gandalfs Pfeife nimmt."

★★☆☆☆ LeoLustich • Tripadvisor

„Wenn Sie nichts mit Ihrem Geld anzufangen wissen, können Sie diese Tour für 80 NZD pro Person buchen. Der inkludierte Kaffee im sonst überteuerten Restaurant vor Ort hat wahrscheinlich nie eine Bohne gesehen."

★★★☆☆ Werner L • Tripadvisor

„Ja, das ist schon ein bisschen albern, um die halbe Welt zu fliegen, um ein paar Drehorte aus Herr der Ringe zu sehen. Andererseits finde ich es nicht weniger albern, wenn man zum Nordkap fährt, nur weil es der (vermeintlich) nördlichste Punkt Europas ist."

tubaner • Spiegel Forum

„Glaubt mir, ihr werdet euch anfangen zu langweilen, sobald ihr das dritte Hobbitloch gesehen habt."

★☆☆☆☆ AGA Wong • Tripadvisor

Hobbit-Häuser passen zu ihren Bewohnern: Sie wirken irgendwie untergroß aber eigentlich ganz gemütlich.

IRGENDWIE, IRGENDWO, IRGENDWANN

Reiseziele, die es gar nicht, nicht mehr, nicht so, noch nicht oder Gott sei dank nicht gibt.

„Man könnte ihn auch Jahrhundertbau nennen."

★★★★★ Me, Myself, I • Google

BER

Mit der hurtigen Fertigstellung der Hamburger Elbphilharmonie brachen für den neuen Berliner Flughafen schwierige Zeiten an. Die Aufmerksamkeit kreiste nun wieder verstärkt über dem Berliner Luftraum. Stuttgart 21 und sein unsichtbarer Tiefbahnhof sekundieren dem BER zwar mit gelegentlichen Preisexplosionen. Als Juxraketenabschussbasis taugt das schwäbische Erdloch aber nur bedingt – dafür ist man einfach noch nicht lange genug im Geschäft.

„Auch im Jahr 2018 wieder zum saubersten Flughafen der Welt gekürt!!! Weiter so!!! Wir hoffen auf eine Titelverteidigung im Jahr 2019."
★★★★★ Sascha Wendt • Google

„Wirklich ein toller Flughafen! Hier hat man endlich Ruhe vom Großstadttrouble. Ich verbringe hier gerne Zeit, mache hier auch gern mal ein Nickerchen!"
★★★★★ Hans Günther_MK7 • Google

„Sehr modern eingerichtet und nettes Personal, jedoch kommt es regelmäßig zu unerwartet langen, sehr langen, und teuren Verspätungen."
★★★☆☆ Louis J. • Google

„Alles in allem ganz okay. Auf dem WC war kein Toilettenpapier."
★★★★☆ André • Google

„Super Flughafen! Konnte problemlos meine gehörempfindliche Hühnergruppe mit Schutzwesten den BER besuchen lassen."
★★★★★ Zedmidonly • Google

„Ein wirklich sehr schönes, nahezu realistisches Modell eines Flughafens im Maßstab 1 zu 1."

⭐☆☆☆☆ filmmaking_jonas • Google

„Seit der Verhüllung des Reichstages ist der BER zweifellos das innovativste und größte Baukunstprojekt Deutschlands. Hier kann der Betrachter, abgesehen von den wenigen anderen Kunstliebhabern, ungestört innehalten und die gigantische Architektur auf sich wirken lassen. Zugegeben: Für ein Kunstprojekt ist die Anlage verhältnismäßig kostspielig, was in der Vergangenheit zu zahlreichen Kontroversen geführt hat. Eine tatsächliche Nutzung als Flughafen würde den kreativen Ansatz des Projekts in jeder Hinsicht konterkarieren. Zum Glück konnten die Verantwortlichen die Kommerzialisierung des BER bisher erfolgreich verhindern."

⭐⭐⭐⭐⭐ Ch. Bernius • Google

„Bester Lost-Places-Ort in Berlin, beeilen Sie sich und schauen Sie sich ihn an, bevor er abgerissen wird."

⭐⭐⭐⭐⭐ Tkachev Eugene • Google

„Rom wurde auch nicht an einem Tage erbaut."

⭐☆☆☆☆ Lars M. • Yelp

„Besuchen Sie den ‚Old Cable Shop' Schnäppchenpreise garantiert!"

⭐⭐⭐⭐⭐ Wayne Anderton • Google

„Das gesamte Areal ist nicht so überlaufen von Touristen, eilenden Flugreisenden oder gestressten Piloten. Gelegentlich schwebt ein Staubkorn an einem vorbei und verbreitet ein wenig Unruhe. Hierauf muss man sich einfach einlassen können, solche Vorfälle können eben passieren. Stattfindende Bauarbeiten trüben vereinzelt die Ruhe, bieten

zugleich aber auch Ab-
wechslung und Spannung."
★★★☆☆ J P • Google

„BER. Endlose Weiten, die
noch nie ein Mensch zuvor
gesehen hat (oder wird)."
★☆☆☆☆ Denis H. • Google

„Mein Flieger hat seit 2011
Verspätung."
★☆☆☆☆ Kajuete Gatow • Google

„Erster Klimaneutrale Flughafen! Bitte mehr davon!"
★★★★★ Leo Steinhörster • Google

„Glückwunsch! Der erste von Affen geplan- te Flughafen weltweit!"

★★★☆☆ Jeune Jeudy • Google

Kurzparken, Langparken und sehr lang parken: Während in Berlin-Kreuz-
berg Kreativ- und Kontaktparker um den letzten Straßenraum kämpfen,
herrscht am BER entspannte Ruhe.

„Die Luft unter Wasser ist schlecht und die Meerestiere sind unfreundlich."

⭐☆☆☆☆ hey lol • Google

Der Pazifik

Die Zahlen sprechen für sich: Der Pazifische Ozean enthält mit 700 Millionen Kubikmetern doppelt so viel Wasser wie der Atlantik, er beherbergt die zehn tiefsten Stellen der Welt und bedeckt mit seiner Fläche fast ein Drittel unseres blauen Planeten. An seinen Ufern liegen bezaubernde Strände und viele seiner Inseln genießen einen paradiesischen Ruf. Dennoch fallen seine Beurteilungen mitunter recht unterschiedlich aus:

„Ist mir ehrlich gesagt ein wenig zu groß; ich wollte den Ozean an einem Wochenende komplett erkunden, aber laut Reiseführer habe ich gerade mal 0,05 % geschafft. Nicht geeignet für Leute, die weniger als 5 Jahre Zeit haben. Aber nette Menschen."

★★☆☆☆ Florian G • Google

„Bestes Salzwasser. Immer frischer Fisch und Meeresfrüchte. Ein weiteres Meisterwerk der Natur. Weniger Plastik wäre schön."

★★★★★ EinGoogle Nutzer • Google

„Nicht zu empfehlen! Überall nur Wasser, NUR WASSER! Und dann gab es dort die ganze Zeit nur Fisch."

★☆☆☆☆ Tim Lindow • Google

„Toller Ozean! Gut, vielleicht nicht der Beste, aber definitiv unter den TOP 5!"

★★★★★ Nicole Leipold • Google

„Ist mir persönlich etwas zu nass. Bei der Größe wären außerdem ein oder zwei Wegweiser angebracht. Parkplätze gibt es genügend - zumindest, wenn man einen langen Atem hat."

★★★☆☆ Manuel Stammler • Google

„Teilweise eingeschränkter Winterdienst."

★★★★☆ Robert Gatzemann • Google

Der Mount Everest

Für den Aufstieg auf den höchsten Berg der Welt werden Höchstpreise verlangt: Eine Tour kostet durchschnittlich rund 50 000 Dollar. Trotzdem kämpfen sich jedes Jahr mehrere Hundert Menschen den 8848 Meter hohen Berg rauf und (die meisten) auch wieder runter. In der „Todeszone" über 7000 Meter fällt der Luftdruck dabei rapide ab, was die Sauerstoffabsorbtion im Gehirn nachhaltig beeinflusst und so manchen Kommentar erklären mag.

„Ich dachte, man könnte da oben richtig Party machen – leider froren mir die Nüsse ab!"
★☆☆☆☆ Global Go • Google

„Ich kann diesen Ort wärmstens empfehlen!"
★★★★★ Mr Worldwide • Google

„Fehlende Beleuchtung. Wäre fast runtergefallen. Fahrlässig."
★★☆☆☆ 3ene Gerling • Google

„Personal sehr pampig und unfreundlich! Essen kalt! Klimaanlage übertrieben hoch eingestellt. Auf Be-schwerde wurde nicht reagiert. Sind dann gegangen. Enttäuschung pur. Nicht zu empfehlen! Aussicht vielleicht ganz nett!"
★☆☆☆☆ kasperl666 • Google

„Absoluter Wahnsinn. Der Ausblick ist einzigartig. Leider konnte ich nur ein Foto machen, weil mein Handy bei -40° sofort an meiner Hand festgefroren ist. Welche daraufhin abgefallen und verloren gegangen ist. Trotzdem volle 5 Sterne."
★★★★★ Jakob Sippel • Google

ÜBER DIE AUTOREN

Christian Koch und Axel Krohn bespielten einst mit ihrer Schul-Band die Dithmarscher Jugendzentren unter dem Motto „Rock ‚n' Roll – der letzte Versuch."

Wenn sie nicht gerade ihren Tätigkeiten in der Werbebranche nachgehen, trifft man die beiden Kuriositätenjäger zumeist beim Durchforsten von Land und Netz auf der Suche nach den Absurditäten des Alltäglichen.

Axel ist ein wahrer Abenteurer. Ähnlich wie der junge Indiana Jones geht er den Sachen gern auf den Grund und lebt getreu der ghanaischen Redewendung „Nur das scharfe Messer weiß, wie es im Inneren der Knolle aussieht".

In seiner Freizeit sammelt er unübersetzbare Wörter aus anderen Sprachen.

Christians geheime Leidenschaft sind Postkarten von Sonnenaufgängen, auf denen keine Pinguine zu sehen sind. Er ist ein echter Forschergeist, den außer einer warmen Mahlzeit kaum etwas zu stoppen vermag.

Auf Reisen genießt er die Freiheit, das Unbekannte, das Kuriose, die Einsamkeit und die Weite der Wildnis, am liebsten in Sichtweite eines guten Hotels.

BILDHINWEISE

S. 4 Alicia Steels/Unsplash; S. 6 Alessio/Unsplash; S. 14 Mike McBey/flickr; S. 16 Alexpro9500/Dreamstime; S. 18 Bruce Whittingham/Dreamstime; S. 20 Sergey Kohl/Dreamstime; S. 23 Perry van Munster/Alamy Stock Photo; S. 24 Aldo Delara/Unsplash; S. 27 Ricochet69/Dreamstime.com; S. 28 Michael Rosebrock/Dreamstime; S. 30 Marco Gualazzini/Wikimedia Commons; S. 33 AMISOM Public Information/flickr; S. 33 AMISOM Public Information/flickr; S. 34 AMISOM Public Information/flickr; S. 35 AMISOM Public Information/flickr; S. 37 Wikimedia Commons; S. 38 Giovanni Di Lorenzo/Dreamstime; S. 40 Dennis Dolkens/Dreamstime; S. 44 Danielal/Dreamstime; S. 45 Angelo Cordeschi/Dreamstime; S. 46 Andrei Moldovan/Dreamstime; S. 49 Andrius Aleksandravicius/Dreamstime; S. 51 Mark Eveleigh/Alamy Stock Photo: S. 52 Andy Chisholm/Dreamstime; S. 54 Absente/Dreamstime; S. 57 Dvrcan/Dreamstime; S. 58 Alexander Podshivalov/Dreamstime; S. 60 Vladimir Jovanovic/Dreamstime; S. 62 Igor Stevanovic/Dreamstime; S. 65 picture alliance/empics; S. 66 Absente/Dreamstime; S. 70 Francisco Anzola/flickr; S. 73 Sharada Prasad/flickr; S. 74 Konstantin von Wedelstaedt/Wikimedia commons; S. 76 Jim.henderson/Wikimedia Commons; S. 78 ZUMA Press, Inc./Alamy Stock Foto; S. 81 Paul Sullivan/flickr; S. 82 Wikimedia Commons; S. 84 Lukas Plewnia/Wikimedia Commons; S. 86 ollo/iStock; S. 89 Andreas Praefcke/Wikimedia Commons; S. 90 Sergiy Gaydaenko/Dreamstime; S. 92 Africa Force; S. 94 picture alliance/AP Photo; S. 95 Piet P./flickr; S. 96 Peter Leakey; S. 97 Marian Galovic/Dreamstime; S. 98 Julie Denham/Dreamstime; S. 100 Castenoid/Dreamstime; S. 104 Anandoart/Dreamstime; S. 106 Laika ac/Wikimedia Commons; S. 108 Nicor/Wikimedia Commons; S. 109 Uwe Brodrecht/flickr; S. 110 Znm/Dreamstime; S. 112 Julian Limes/Wikimedia Commons; S. 113 Eric Laffourge/Alamy Stock Foto; S. 114 Alberto Cabrera/flickr; S. 116 Golasza/Dreamstime; S. 124 Oliver Lipp/ Wikimedia Commons; S. 128 Oliver Foerstner/Dreamstime; S. 130 Wikimedia Commons; S. 132 Peter Etchells/Dreamstime; S. 133 Eq Roy/Dreamstime; S. 134 Davidalca/Dreamstime; S. 135 Mikolaj64/Dreamstime; S. 136 Pixabay; S. 137 Alyson Abreu/ Wikimedia Commons; S. 138 Patricia Hofmeester/Dreamstime; S. 141 Valery Bareta/Dreamstime; S. 143 Bmalina/Wikimedia Commons; S. 144 Chris Dorney/Dreamstime; S. 146 Pxhere; S. 149 Mathias Apitz/flickr; S. 150 Evgeny Subbotsky/Dreams-time; S. 152 FooTToo/iStock; S. 154 Sebastian Gomez/Unsplash; S. 160 Galyna Andrushko/ Dreamstime; S. 162 Frank Gärtner/ Dreamstime; S. 164 Constantin Stanciu/Dreamstime; S. 167 Ra-fael Ben Ari/Dreamstime; S. 168 Michele Brusini/Dreamstime; S. 170 Vvoevale/Dreamstime; S. 172 Vadmary/Dreamstime; S. 174 Erix2005/Dreamstime; S. 176 joepyrek/flickr; S. 179 Make it Kenya/flickr; S. 180 Johannes Onnes/Dreamstime; S. 182 J Fauteux/flickr; S. 184 Trifuion/Dreamstime; S. 187 Mikeltrako/ Dreamstime; S. 188 julian obejas/Unsplash; S. 190 Avstralia-vasin/Dreamstime; S. 192 Lucian Milasan/Dreamstime; S. 194 Ahineya/Dreamstime; S. 195 Jaumescar/Dreamstime; S. 196 Bennymarty/Dreamstime; S. 198 Dmitry Chulov/Dreamstime; S. 201 Wikimedia Commons; S. 202 Wxmh/Dreamstime; S. 206 Mogens Trolle/Dreamstime; S. 208 Stine Fossheim/Dreams-time; S. 211 BiancoBlue/Dreamstime; S. 214 Christian Heinz/ Dreamstime; S. 217 Jörg Hüttenhölscher/Dreamstime; S. 218 pavel nolbert/Unsplash; S. 220 Daniel Prudek/Dreamstime; S. 223 Kolja von der Lippe; S. 224 eric terrade/Unsplash

Vielen Dank an Dr. Dieter Koch und Norman Usath für die Unterstützung bei der Recherche. Und natürlich danke an alle Rezensenten. Macht weiter so!

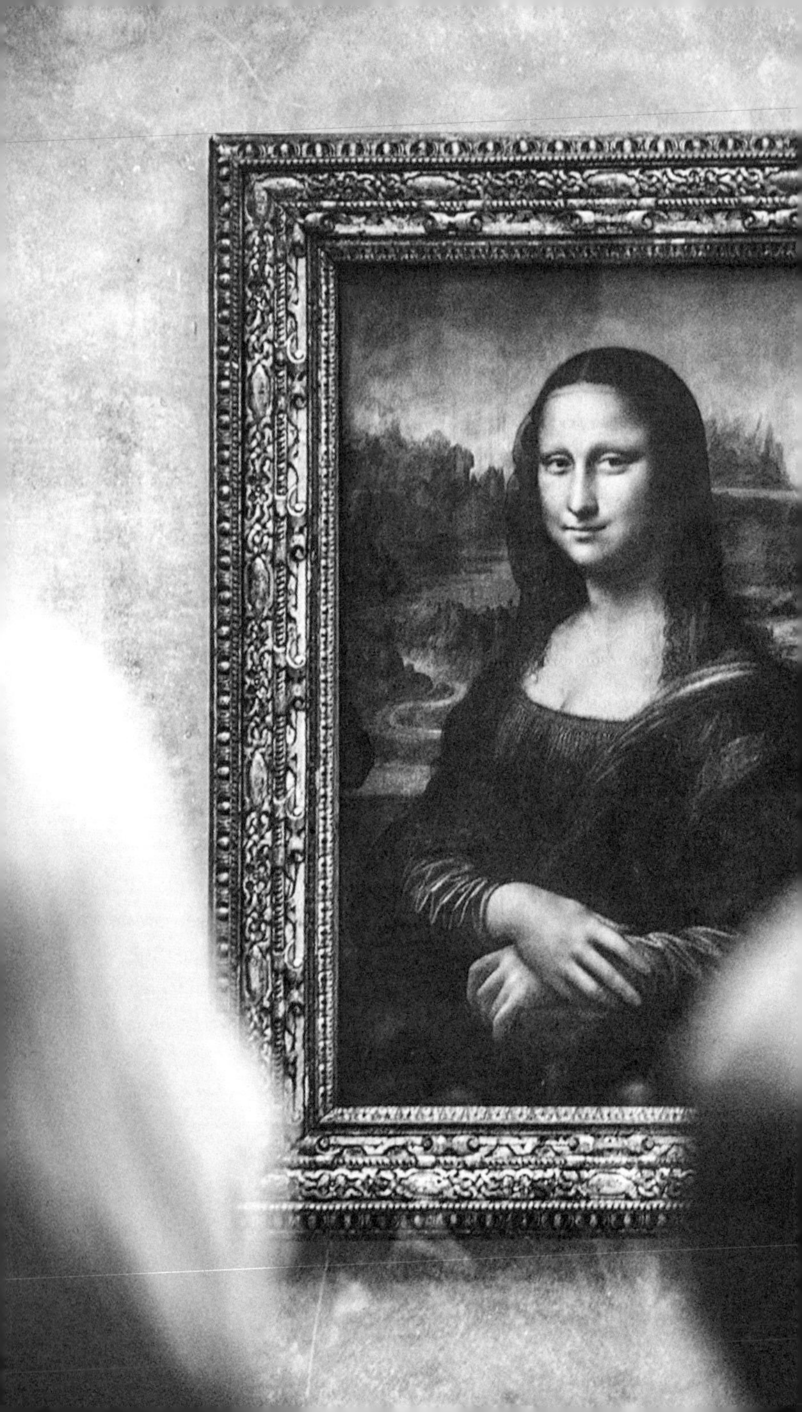

1. Auflage 2019
© 2019 DuMont Reiseverlag GmbH & Co. KG, Ostfildern
www.dumontreise.de

Umschlaggestaltung: Christian Koch, Hamburg
Titelillustration: Thilo Rothacker, Stuttgart
Satz: Christian Koch
Repro: PPP Pre Print Partner GmbH & Co. KG, Köln

Printed in Poland
ISBN 978-3-7701-6966-5